教師應考特訓班

教甄口試一次考上必勝全攻略

臺中市 SUPER 教師

王勝忠 ——— 著

2

作者序
懂得這些，口試其實一點都不難

教甄是一場辛苦的考驗。

　　教甄是一場辛苦的考驗，看到身旁周遭很多人努力在準備上岸，每天必須要面對課堂教學以及級務處理，放學後還要上補習班衝刺專業科目，假日再來個讀書會密集衝刺班，有空還得要聽聽上榜的人分享，清晨四、五點起床者大有人在，半夜三更才上床睡覺，隔天一大早還得到學校上課教學。

　　這樣的生活日復一日，當別人在聚餐聊天時，你們在精實苦讀，然後期待一天比一天進步；「阿摩」是你最好的朋友，偵錯本及考用書是你每天閱讀的精神食糧，沒有喊苦，沒有喊累，只為了一個目標，就是順利上岸。

　　各縣市的報名、住宿交通的預訂，拉著行李，拖著沉重的腳步，前往每一個考場，只為尋求一個上榜的機會。

　　為了上榜，每天精進教學，演練再演練、調整再調整，困頓無措時的淚水盈眶，獲得肯定時的內心愉悅，旁人無法體會，自己最清楚其中的辛酸。

　　過了筆試後的手足無措，找到夥伴時共同打拚的革命情感，一次又一次的備課與修正，鬼打牆的練習口試問題的回答，面對一次又一次快要成功上岸的失敗，痛哭失望，幾乎崩潰。內心想著：「為什麼要這樣痛苦的一年又一年，過著無限迴圈的生活，我想要脫離苦海，我想要過著跟周遭朋友一樣的生活，我不想要再考試了！」

　　但是，沮喪落寞後還是得要擦乾淚水，大聲怒吼後還是得要積極奮起，因為想到孩子們天真的臉龐與笑容，期待上榜後為學生付出更多的愛，無論再多的打擊與消沉，頓時化為一縷輕煙，重新拾起書本，再次準備下一場試煉，明日晨曦乍現時，又是希望的開始。

　　恭喜所有上榜的老師們，也期勉還在努力的老師們，路還是得繼續走，昂首闊步，向前邁進，相信成功就在不遠處向你揮手。

目次

PART 1
基礎技巧篇

1

勝忠老師口試心法

　　社團夥伴來信分享，口試像是在寫說明文（學理＋架構），說明中帶有抒情（實務現場的感動），如何說之以理、動之以情，則有賴於平日的訓練。

　　我覺得老師這樣的說法值得參考，有時候回答並不用太過於理性，如果可以理性與感性兼具，那就會是動人且具有說服力的回答。

**　　表面效度有了，內容深度也兼具了，這就是好的回答。**

　　給大家一個建議，當你對於口試這個必須面對的課題有所理解，並掌握到其中的要領，將這樣的理解落實到每一次的口試練習，我相信你一定可以直達問題核心，用你的個人理解來完成所有題目的回答。

　　平常就練習從生活中取材來進行回答，認真的從事教學，投入每一次與學生的學習互動之中，那麼對於問題解決或是教

育相關議題最有心得的會是你自己，最有內心觸動的也會是你自己。

　　如此一來，當你在面對口試問題時，就可以用那一種心情來回答，就是分享自己的教學經驗、分享自己平常的教學心得。這樣的方式是不是就不會讓你對口試感到害怕了呢？

　　關於口試的準備，老師們來信提出了許多問題，歸納問題後整合回答如下，提供大家參考。

1. 用不平凡的視角看平凡事，用細膩的視角看待學生需求

　　用心觀察每一天的教學生活，然後作記錄，簡單平凡的事情也會變得不簡單。

2. 隨時隨地都可以學習

　　充分利用兒童朝會與教師晨會，仔細聽校長、主任、組長們的報告，可以快速掌握目前的教育政策重點及學校行政所關注的教育方向，累積教育新知，讓自己可以擴大教育所知面向，隨時為教甄做準備。

3. 沒有最好的答案，只有完整的答案

　　有老師問了一些迷思概念，甚至是自己的疑惑，在此分享給大家。不管什麼問題，先仔細想想，提出疑問，自己嘗試解答。通常口試題目的答案沒有絕對，只要能夠回答出完整的答案，就可以在口試的競爭場上脫穎而出。

4. 教學省思撰寫

　　多寫、多想，自然會發現自己教學的疑惑與困難，以及在教學現場遇到的瓶頸。藉此讓自己在這一年當中可以仔細思考，請教同儕，嘗試解決，徹底發現自己在教學現場的不足，並且提醒自己盡可能的正視問題找到出路。

5. 累積師生互動的教學小故事

　　透過平常累積的教學小故事，不但能夠清楚說明事情的經過與脈絡，更能傳達想要表達的意思。很多人在聽了故事之後，自然能夠感同身受，透過故事分享來回答對方的提問，也是一種可以採行的策略。

　　每個人都喜歡聽故事，故事行銷是你可以嘗試的策略。從生活中觀察學生，將教育現場的感動寫下，累積師生互動的小

故事，藉此提升教育的溫度。

　　耕耘，播種，反覆照顧，然後收割。

　　努力，堅持，不斷修正，然後上榜。

TRICK02
教甄口試應避免的十個重點

參與了許多場口試相關的試煉，我反省自己應該避免的缺失，也整理了許多實際演練過程中，我記錄下老師們在回答時不應出現的表現重點，提供大家參考，分述如下：

一、不要緊張

　　大部分的老師鮮少受過口語表達的專業訓練，雖然每天都會開口說話進行課堂教學，但是主要都是面對學生，講述的內容是自己準備過的教材或是講義內容，有課本或是簡報可以參考，所以在跟學生說話的過程中都可以侃侃而談。

　　但是口試回答與上課教學不太一樣，沒有參考資料可以帶著看，而且通常必須面對主考官的提問，在考試現場的氛圍之下難免會緊張，擔心自己回答不好，或是擔心自己會被問到不熟悉或是沒有準備到的題目。

　　在口試問答時，最忌諱將緊張展現出來，因此必須對於口試問答的方式有所準備。如果可以提前模擬演練一下，則可以舒緩緊張的氣氛。

　　所以平常在準備考試時，就可以在讀書或是準備教育專業科目時，自己模擬練習出題，然後自問自答。透過平日的練習，降低自己對於口試時的緊張與不安，參加考試，緊張在所難免，但是一定要試著讓自己不要緊張。

二、不要板著臉

　　由於是考試的緣故，緊張之餘，老師們在回答問題時，大都會板著臉或是面無表情的回答主考官問題，太過認真且想要把題目答好，往往都會忽略掉自己的表情。

　　在許多實戰練習場合中，我特別觀察每一位即將參與教甄口試的老師回答問題時的臉部表情。在還沒有人提醒要特別注意時，通常老師們都是板著臉來回答問題的，也就是面無表情的回答提問者問題，甚至有些老師還將緊張的表情呈現出來，讓主考官清楚感受到自己的不安及緊張。

　　要怎樣才能避免板著臉回答問題呢？老師們在回答問題時，不妨想想這一句話：「**鐵肩擔教育，笑臉迎兒童。**」教育工作責任重大，但是在面對兒童時，我們必須時時保持笑臉，讓學生可以感受到老師的溫度及溫暖。

　　所有的問題幾乎都是教育現場的問題，所以身為老師在回答問題時，可以想一想師生互動時愉快的心情，這時候臉部呈現出的表情自然不會板著臉，更可以練習看著鏡子來進行問題回答，看看自己在回答問題時的表情。

　　另外，口試問答是雙向互動，可以從聽者的角度來思考，

眼前在聽我們回答問題的主考官，一定會看到我們的表情，那麼這個時候該板著臉好，還是配合主題或是回答內容稍稍有笑容比較好呢？我想大家應該都知道答案了吧！

　　記得不要板著臉就對了，在學校我們鼓勵學生微笑好禮，因此老師在回答問題時，也記得要把握微笑且有互動的原則。

三、不要打高空

　　許多次聆聽老師們回答問題時，我都會聽到：「我認為⋯⋯」然後就開始高談闊論。

　　基本上，教育類的口試問答都是以實務為主，如果可以理論加上實務來進行回答，則更大大加分。如果可以再舉實例說明，或是說說自己的相關經驗，都會比打高空式的回答來得更加實際。

　　通常擔任評審的主考官，都是教學現場的老師或是行政人員，也會有教育專業的教授來擔任。以實務經驗來鋪陳論述，可以讓主考官知道我們是有經驗的老師，對於問題有一定的了解，而且有自己的見解，用這樣的方式說服對方，更可以藉由教學現場的實務經驗引起共鳴。

　　但如果是自己的碩博士論文研究主題，或是自己在學校裡正在從事的教學主題，則可以在實務經驗之外，再分享一些自己與他人不同的獨到見解，或是在深入探討後的個人反思，藉此將問題回答完整。

　　這樣的回答方式，可以讓主考官知道我們是有經驗且願意就某個問題深入探究的老師。

四、不要讓回答太快畫上句點

　　許多時候，我們與陌生人聊天時，常常會有不知怎麼聊下去的窘境。進行口試回答時，也常常會遇到老師們很快就回答完畢問題的情形。

　　幾次下來，我發現有些老師的回答很快就畫上句點，換句話說就是回答的內容太少。因為回答內容太少，在相對比較的口試場合中就很容易分出高下，在內容及時間效度的參照下，自然無法搶得先機，因此必須增加回答內容的長度及廣度。

　　這裡提到長度及廣度，如果在回答問題時，可以考慮到回答內容的長度及廣度時，就不會在回答問題時很快就畫上句點，讓主考官有機會再次提問你，不會留下口試會場上面面相覷的窘境。

　　要增加回答的長度，可以善用連接詞，例如：「可以……，也可以……」、「另外……」、「最重要的是……」、「從另一個角度來說……」、「其中又以……」、「最令我印象深刻的是……」，如果可以善用這些連接詞，一定可以增加回答的內容長度，老師們不妨試一試。

　　舉例來說，如何在班級經營中落實品德教育？從實務面來

看，從日常生活的打掃做起，每天把應該做的掃地工作完成，這就是教導學生負責的最好表現。除了讓他們每天落實打掃之外，也可以讓他們每天練習擔任幹部，讓每個人都有機會為別人服務，為別人服務之前，也可以為自己負責。

除了這個之外，我們另外可以讓學生透過社會服務的方式，來成就自己的品德，提升自己的品德表現。

在眾多落實品德教育的方法中，我認為最重要的是老師的身教跟言教，因為老師的身教跟言教是學生每天會接觸到的，而且是最立即影響學生表現的關鍵因素。如果老師的表現能讓學生每天學習，老師的言行一致，老師的以身作則，就能讓學生跟著學習，提升學生的品德。

在增加內容廣度的部分，可以利用簡單的三步驟回答方式，或是善用關鍵字思考方式，都可以達到增加內容廣度的目標。當然還有其他的方法，老師們可以自行運用，重點就是不要讓回答太快畫上句點。

以臺中市的口試為例，抽兩題，共十分鐘（現已取消抽兩題的規定，由主考官提問），一題的時間至少有五分鐘，如果答題時只回答不到三十秒，這樣還有四分半鐘，是要提早結束，還是要再問幾個問題呢？

　　因此，老師們平時可以練習讓自己的回答有一定的時間長度，另外又有內容的廣度以及回答的深度，如此一來，一定可以在眾多考生之中脫穎而出。

五、不要有太多口頭禪

當我們的思緒跟不上回答的速度時，自然會有許多的發語詞跑出來，這些發語詞就是所謂的口頭禪，例如：「ㄟ……ㄟ……ㄟ……」、「這個問題……這個問題……這個問題……」、「我覺得……我覺得……我覺得……」、「然後……然後……然後……」諸如此類的冗言贅語，在回答的過程中會一直出現，回答的人完全沒有察覺，但是聽的人只要稍微仔細聽，就會發現這些口頭禪。

要怎麼減少這些口頭禪的出現呢？老師們可以試著回答一個問題，將自己侃侃而談的內容錄下來，反覆聆聽自己是否會出現這些不必要的冗言贅語？

如果沒有出現，表示自己的口頭回答沒有口頭禪。如果會有發語詞或是不必要的口頭禪，則必須要加以調整修正，讓自己在回答時可以避免掉這些缺失。

口頭回答不像是書面回答，思考的時間及使用的話語反應的時間非常少，所以難免會出現口頭禪，這是可以避免的，只要帶有意識的檢視自己的回答內容即可做到。

六、不要讓回答完全停頓下來

在口試實戰場合裡，偶爾會遇到老師們在回答時講到一半就停下來的情形。

為什麼會有這樣的情形出現呢？這是因為老師的思緒無法連貫，所以常常想要講三點項目，但是只講出兩點，最後那一點再怎麼想也想不起來，最後就停下來了。

「我口說我思，我思故我在。」平時一定要對許多的教育議題多加關注，閱讀相關的文章，再加上自己的反思，養成歸納重點的習慣，這樣的練習有助於快速的思考及臨場的反應。

再者，也可以透過各類的思考法，來幫助自己在回答時有系統的進行思考及表達。關於有系統的思考表達方式，我會另闢章節進行說明及示範。

為什麼回答時不要完全停頓下來呢？因為在回答時停頓下來，聽講的人會立即感受到回答者的思緒停止，或是對於回答的內容不熟悉。若以表面效度來說，沒有流暢且順利的完成回答，會相對被比下去。

另外，回答問題時也忌諱劈里啪啦講個不停，完全沒有短暫的停頓，這樣會讓聽講的人很不舒服；有時候講太快也無法

讓聽者完全理解我們所要呈現的內容及表達的訴求,一定要特別注意。

七、不要只講理論

　　教師甄試的口試問答，許多時候都是以教育現場的實務為主，不管主考官是教授或者是教育現場的從業人員，以實務為回答的主要內容大致上不會偏離。

　　但是若可以再配合教育趨勢、目前正夯的教育理論，或是大家普遍認同的教育流行議題來進行回答，則可以相輔相成，有實務的呈現，更有理論的支持。然而若是只有講理論，教授們一定比我們更懂理論；教育現場的從業人員會認為我們只懂理論，沒有實務經驗，太可惜。

　　因此老師們必須善用理論，將理論作為我們實務經驗的支持及基礎，將教育趨勢及學者專家所提出的內容，作為我們在教育現場進行實務教學最佳的佐證，讓我們正在努力從事的教育工作及實務，既有理論的支持，更有我們自己獨特的創新。

　　理論與實務兼具，又可以說出自己的獨特見解，既不打高空，也不單純掉書袋，會讓聽者感受到我們是具有學理基礎、又有實務經驗的教育現場老師，這樣有經驗又與時俱進的老師，就是最好的選擇。

八、不要只有負面回答

有道是：「教育是充滿希望的志業。」、「教育是通往希望與光明的道路。」教育工作跟社會上的行業不同，我們都希望可以讓教育變得更好，只有共好才會變得更好。教育是正向積極的工作，每一位學生都是良善有希望的未來主人翁，因此老師的想法及做法，還是要以正面積極為主。

這並不是說回答時一定要過度樂觀，而掩蓋掉教育現場的黑暗面，身為老師一定要正向積極樂觀，當教育都呈現負面、老師只關注教育的黑暗時，那麼誰為學生帶來希望呢？

因此在進行口試回答時，老師們可以稍加留意，可以提出自己在教育現場所觀察到的許多負面現象，但是最後一定要試著用正面的回答方式，將缺陷或是不足轉變為正面積極。

例如：發現教育現場有許多學生對於學習失去信心，從學習中逃走，但是老師不想放棄，甚至積極的找到幫助學生的方法，來幫助學生學習。

正向思考是身為老師必須要有的基本信念，所以在口試問答時，盡量少使用負面的回答方式。若是因為題目的緣故，不得不提出負面的回答，結尾時也一定要轉回正向積極的內容，

只因為教育是正向積極且充滿希望的志業。

　　任何人都可以對我們的教育感到失望，但是身為老師的我們，一定要充滿正向力量，對於教育的未來，充滿正向積極的想像與希望。

九、不能沒有教育議題的關注

　　身為教師，對於教育現況及目前正夯的教育議題，必須要有所了解及掌握，所以對現今流行的教育議題必須都有所涉獵，在回答相關題目時，也可以帶出目前自己所掌握到的教育關鍵議題及所關注的教育現場現況。

　　例如目前正夯的「實驗教育」，正因為「實驗教育三法」（《學校型態實驗教育實施條例》修正案、《高級中等以下教育階段非學校形態實驗教育實施條例》修正案與《公立國民小學及國民中學委託私人辦理條例》修正案）通過，而成為目前許多教育研討會的研究討論主題，教育政策也如火如荼展開。

　　許多偏鄉小校也因為人數減少面臨裁併或廢校，因為實驗教育三法的通過，實驗教育的相關教育議題因應而生，混齡教學及戶外教育，就成為相關及衍生的新興教育議題。

　　老師們若能對這些教育議題多所關注，就可以在回答時觸類旁通、暢所欲言，就自己的教學現場發現，輔以對新興教育議題的掌握及研究，提出自己的看法與見解，既有深度、又有廣度，自然能夠提升答題的力度。

　　因此，平時建議老師們可以多看一些教育期刊論文，例

如：《師友月刊》、《課程與教學季刊》、國家教育研究院的
教育電子報、各縣市政府教育局所發行的教育期刊或是教育電
子報，就能掌握目前教育的趨勢與脈動，且能契合各縣市所發
展的重點，知己知彼、百戰百勝，在教甄考試場上勝出。

十、不能沒有自己的教學實務分享

　　教師甄試的口試回答，答題內容除了上述「九不」之外，還有一點老師們更要特別注意，那就是不能沒有自己的教學實務分享。

　　身為老師，不管是實習或是代理，都一定有過班級教學及行政協助的相關經驗。既然有這些教學實務經驗，一定要想辦法在回答時「置入行銷」，讓聽答的人可以知道我們有相關的教學實務經驗，不要只講表層的答案，沒有鞭辟入裡直接切入到問題核心，而要分享在教育現場自己的做法及解決策略。

　　為了要讓自己在口試回答時，既有教育理論支持，又有教學現場的實務經驗分享，在此建議老師們平時就可以針對自己的課堂教學進行記錄，並且分門別類（如班級經營、學生管教、親師互動、學校行政協助、教育政策等），進行自己的教學實務心得撰寫，並就目前所遇到的問題進行反思。

　　一旦養成這樣的記錄及反思的好習慣，長此以往就能蓄積能量，在回答時有系統且有層次的分享自己的教學實務經驗。雖然不見得一定要與眾不同，但是一定會有創新且創意的教學活動展現，這就是可以讓評審眼睛為之一亮的教學實務分享，

且因為是自己最熟悉、最清楚的教學經驗，在回答時一定可以
侃侃而談，能夠傳神表現自己的所知、所學、所做、所思，在
教甄口試現場脫穎而出。

　　以上「十不」，若老師們可以盡量避免，則可以在口試回
答時減少被扣分的機會。

　　如果可以從另一個角度來思考，正向積極的找到答題搶方
的策略，反覆練習、一次又一次的修正，一定可以在回答問題
時，既有內容又有效率，在眾多的考生中，讓評審對我們印象
深刻，相信我們是具有教學經驗且願意為教育付出的老師，也
因此能在競爭激烈的教甄考驗中爭取一席之地。

教甄口試題目類型

　　雖然教甄口試的題目五花八門，不過總體歸納起來，可以分成以下十三種類型：

1. 如何題
例如：如何在班級裡推動閱讀？

2. 狀況題
例如：當班上發生學生偷竊事件，身為老師的你如何處理？

3. 理念題
例如：請說說看你的教育理念？

4. 陷阱題
例如：你認同學生帶早餐到學校吃嗎？

5. 理論題

例如：請說明多元智慧理論的主要內容？

6. 實務題

例如：批改作文的過程中，應注意哪些原則？

7. 反思題

例如：當前教育現況，有許多學生參與私校考試的補習，你曾反思其中的原因嗎？

8. 看法題

例如：實驗教育是目前流行的教育議題，關於混齡教學，你有什麼看法？

9. 贊成反對題

例如：請問你贊成或反對學生帶手機到學校？

10. 能力題

例如：請說說看擁有教師證的你，有哪些帶班能力？

11. 說明題

例如：請試說明學生為什麼會出現罵髒話的情形？

12. 時事題

例如：對於「食安問題」你了解多少，如何教導學生因應食安危機？

13. 何謂題

例如：何謂「比馬龍效應」？

　　接著我們針對這幾種類型，一一進行解析。

一、如何題

　　首先第一種題目叫做「如何題」，也就是說，這些問題裡面一定會出現一個「如何」。舉例來說，「請問老師，你如何在班級裡推動閱讀？」

　　這是一個很大的題目，但是要限縮到「在班級裡面如何推動」，所以這時候你只要把握一個重點，假設身為老師的我，假設是級任老師或是科任老師，要如何從我的角度在班級裡推動閱讀？

　　為什麼只說班級，有沒有可能在全校推動閱讀？有！所以你要思考，通常在推動閱讀的時候，是全校一起推動，從校長的層面、教務處的層面、設備組長的層面來推動閱讀，老師屬於被動扮演配合推動閱讀的角色。

　　你也要思考，我是以老師的層面與角色來推動閱讀。只有我一個人推動嗎？可不可以跟全校結合？可不可以用跨校的方式來結合、推動班級閱讀？

　　這種題目你要掌握到「如何」，就在提示你要有方法、要有策略。除了方法策略之外，我們一定要先想一想一個重要的問題核心：**為什麼要推動閱讀？**為什麼在班級裡面要推動閱

讀？讓學校推動就好了啊！學校裡面有圖書館，由圖書館的老師來推動就好了，為什麼身為老師的我要推動閱讀？導師推動就好了，我是科任老師，為什麼要我推動閱讀？這是你要去思考的。

假設我是英語老師、閩南語老師，推動閱讀跟我不相關，為什麼要推動閱讀？所以你要想辦法把推動閱讀這件事情跟自己的角色做連結，去想想背後的問題意識。

為什麼要問這個問題？為什麼會問閱讀？這代表「閱讀」是目前很重要的趨勢、很重要的教育潮流，因為有 PIRLS、PISA，這幾個檢測機制一直都在進行，身為老師的你，有沒有辦法關注教育的趨勢、教育政策的潮流？有沒有辦法了解到以學校本位在推動的校本課程？有沒有想到在班級中該如何去進行？

當這幾個方向你都已經知道了，你就會知道目前這個問題的重要性。有了重要性還不夠，你要成為一個有方法的老師，方法有分不同的層次：別人告訴你的方法、書裡面讀到的、上課的時候老師說的，這都是別人的，你有沒有自己的一套、你有沒有曾經推動過閱讀、有沒有經驗？講出來就知道了。

就算是沒有經驗，你也可以講出來，因為別人的經驗可以

是你答題的重要關鍵。沒有人那麼厲害什麼都會，所以認真聽別人講、參加研習、看書、看影片，都可以成為回答的素材。

因為如何推動閱讀沒有標準答案，答案也不會只有三個、五個，答案有一千三百八十七種，還有可能更多，可是你的回答時間很少，可能只有幾分鐘，沒有辦法包山包海全都講完，所以你只能有系統的講，講幾個層面、幾個方向、幾個答案，但是你講出來的答案最好能夠涵蓋夠廣的層面，要有廣度，而且要有深度。

二、狀況題

　　我們在考試的時候選拔一位有經驗的老師，通常希望他有實際的教學經驗，也就是說，你在學校裡面遇到的情況越多，所獲得的經驗也會越多，所以我從好幾年前就開始說：「認真投入學校跟班級的各項事務，就是教甄上榜最佳的養分。」

　　累積很多的實戰經驗，遇到問題能夠深入的投入，去想到解決的方法，然後身歷其境，經驗會轉化成為你的能力，能力就會成為你生活當中、你講出來的、寫出來的、散發出來的個人經驗法則。

　　所以現在來講「狀況題」，那什麼是「狀況題」？

　　例如：「當班上發生學生偷竊事件，身為老師的你如何來處理？」這個跟剛才的「如何題」有點類似。這是在狀況中問你如何處理，所以如果我們要把它們歸類在同一類，它也屬於「如何題」，只是它有一個前提，先給你一種狀況，這個狀況你有可能遇到，也有可能沒有遇到，不管你有沒有遇到，你都要有辦法回答。

　　「狀況題」會出哪些狀況？生活周遭或學校場域裡面的都可以，舉凡我剛才說的學生的不當行為，教室裡面你所遇到

的、所參與過的、學校裡面正在推動的或是偶發事件，這些都是狀況。

例如「防災教育」很重要，當發生地震的時候，你如何帶領學生做真實的逃生演練？你可以講你自己的經驗，講你真實的做法。

為什麼要考「狀況題」？為了要了解你是一個有經驗的老師，想要從你的經驗當中，了解你如何處理這些事情。考你「狀況題」，最能夠知道你如何臨場反應，以及你過往的教學經驗，所以會有「狀況題」的出現。

「狀況題」除了與學生事務有關，也與教學有關，當你在班級中遇到學生在上課的時候不守規矩、不舉手就發言，這種狀況之下，你如何因應，在讓課堂順利教學的情況下，又不讓小朋友有被處罰或者影響到其他學生上課，你如何來處理？這應該每個人都有這樣的經驗，這個叫做「狀況題」。

三、理念題

　　除了這兩種最常見的問題，有一種題目叫做「理念題」。
為什麼要考理念？因為我們在講理念的時候，可以知道一個人
心裡所想的，跟他的教育養成、家庭成長等。一個人的成長和
學習，會影響到一個人的信念，他的信念如果放在教育場域、
成為一位老師，我們就可以知道這一位老師的教育理念了。

　　教育理念會影響你的教學，也會影響你指導學生的所作所
為，更會影響你在學校裡如何成為一位老師，所以理念非常的
重要。我們來談為什麼要問理念？比如說沒有問題可以問的時
候，我們會這樣問：「老師，請說說看你的教育理念。」所以
教育理念是每一個人都要去思考的，它是很廣泛的問題。

　　很多人會問：「如果沒有人問，可不可以在回答的時候把
它包裝在回答的內容當中講出來？」

　　當然可以！當你在講「如何題」或「狀況題」的時候，就
可以把你的教育理念置入，放到這兩種題目的回答當中，因為
理念無所不在，理念會影響你的所作所為。

　　所以你在做任何回答，在講「如何」、講方法、講問題解
決、講狀況回應的時候，這個理念都可以派上用場，所以理念

一定要去思考。

　　很多擔任評審的老師在不知道問什麼問題的時候，也會請你說說看你的教育理念是什麼，教育理念可以是一句話、一段話，或是簡單的幾個字，你只要去想自己心裡面、腦海深處最重要的那一句話是什麼，通常就是你的理念了。

　　你不妨試著回答一下，請人問你，你不自覺的反射性回應，你的理念是什麼。常常聽到有人說：「我的教育理念：教育無它，唯愛與榜樣而已。」這個叫做「身教示範」。

　　什麼叫做身教示範？我們在推動節能減碳，每天老師身體力行關燈、關電扇，用的是環保餐具，這個就叫做身教。所以你在講這句話的時候，你所做的所有種種，就是支撐你教育展現最佳的證據。

　　理念不會單單只有這一句，但很多人不知道理念是什麼，當你不知道自己的教育理念是什麼的時候，你要好好思考一下，因為這一題是萬用題、是廣泛題，你要去想想看你的理念是什麼。

　　也許你會問我：「理念會不會改變？」理念當然會改變！會隨著你的年紀增長、你的同儕互動、你去進修、教育潮流的改變而影響你個人的教育理念。

　　所以想一想，每一個時期、每一個階段，你的教育理念是什麼。有可能我到了偏鄉教了一個小班，發現了幾個學生，因為他們的需要而改變了我的做法、教法，進而改變我的理念，因此理念是會變動的！教育的理念會隨著人跟人的相處、跟你所遭遇的處遇而去調整改變，這個是可以變動的。

　　講完「理念題」，我們來回顧一下，前面第一個講到的是「如何題」，再來是「狀況題」，第三個是「理念題」。其實我在設定的時候是沒有先後順序的，可不可以先提理念，再來問你如何，最後再給你一個狀況？

　　如果可以調整先後順序，或許我們可以先想想自己的教育理念是什麼，然後再想想在這樣的理念之下，遇到哪些狀況，你拿出來的方法、策略是什麼？你可以在這個脈絡之下，好好的想一想。

四、陷阱題

講完這三種類型的題目之後，接下來談一談，有一種題目叫做「陷阱題」。

什麼叫做「陷阱題」？就是我們的口試委員、評審，他在問這個問題的時候，他心裡面早就有一個答案，故意來問你，看你會不會不自覺踏入這個陷阱。

但如果你能了解這是一個陷阱題，就可以在回答的時候，考慮到要如何回答才可以面面俱到。

比如說：「你認同學生帶早餐到學校吃嗎？」認同啊！因為我們不知道他會不會每天吃早餐，或是媽媽給他錢，他有沒有去買，我們都不知道。但是如果他把早餐帶來學校，老師看得到，當老師看得到的時候，他一定會把它吃下去，對媽媽就可以有一個交代。

這樣回答有沒有很好？很好啊！老師站的立場是要讓每一個小朋友有吃早餐，因為早餐是很重要的一餐，尤其是正在生長發育的時期，所以才會這樣回答問題。

可是問問題的那個老師可能是學校的主任，他覺得早餐應該在家裡跟家人一起吃，吃完早餐再到學校才對。因為他認為

早餐是很重要的一餐，吃完早餐再走路到校，學習會更好。

如果帶來學校吃，早自習的時候學校安排閱讀時間、安排晨光媽媽進教室說故事、安排學校的各種活動，這時候你要吃早餐，就沒有辦法參與學習了。

所以這種題目沒有對或錯，但是隱含著陷阱，這個陷阱就是出題的人想要讓你踩進來而不自覺，這時候他就會提出反問：「你認為應該在學校吃早餐，假設你們學校在推動閱讀，晨光閱讀的時候，小朋友是不是邊吃早餐邊閱讀？這樣對不對？哇！這樣好像不錯呢！一舉多得，邊吃早餐邊閱讀，兩個活動一起完成。是不是這樣？」

「嗯！對！我回答的就是這樣。」那你就在不知不覺下掉進他的陷阱了。

還有哪些「陷阱題」呢？比方說體罰，體罰是用身體、用外加的器具打到小朋友的手上、身上，這才叫體罰。那言語上面的責罰，但是沒有受傷這樣不算體罰？還是如果叫小朋友去跑操場，就不算體罰？諸如此類的問題，這個大家都可以思考一下。

當我們聽到「陷阱題」的時候，就可以思考一下，提問的人目前在教育崗位上的相關職務，他問這個問題會不會有背後

的動機？有沒有設計哪一個陷阱想要引導你回答？如果你知
道了，你就可以破解。

因應這種題目，如何回答得面面俱到，能夠回答到口試委
員的問題，但又不會讓他覺得你沒有答到重點，也不會讓整個
現場的氣氛變僵，就是必須留意的關鍵。

五、理論題

接下來想跟大家分享一下，有些題目叫做「理論題」。比如說：「請說明多元智慧理論的主要內容？」

「多元智慧」簡單的四個字，包含的範圍非常廣泛，這個理論如果你沒有讀過，當然就沒有辦法回答這個問題，這時候就會很尷尬，覺得亂了套，不知道如何是好。

「怎麼辦？這個問題我怎麼不會？」後面回答的時候就會亂了陣腳。所以像這種理論的問題，你就要有基本的認識。理論有多少？理論非常多，無時無刻都在創造新的理論。所以你有辦法把理論讀到熟嗎？你有辦法把所有的理論一網打盡嗎？一定沒有辦法！那該怎麼辦？不妨先從你認同的理論去精熟、精讀，通常你認同的，也會是大家所認同的。

先把目前主流的、重要的理論熟悉了，你在回答的時候就可以先從理論出發，講到背後的意涵，再從你的生活經驗、課堂教學找到你著力的證據，跟理論相結合。

如此一來，不但回答了理論，還順便回答了你的實務表現，讓聽者知道你懂理論，而且把理論實際運用到生活當中。答了理論又附加了實務，這樣的回答就是一個很棒的回答。但

前提就是，你一定要先知道理論。

　　理論非常多，怎麼辦？怎麼知道？很簡單，像《教育小辭書》、《教育新辭書》，還有很多考筆試時讀到的相關教育內容，都可以認真看、認真讀，甚至還可以把幾個很棒的理論都背起來。

　　在背的時候會建議你先從你認同的、有用過的、在課堂裡反覆落實的，花點時間整理，然後背起來，這樣回答的時候就一次回答了三個層面：有理論、有實務、有個人的反思，你可以把它包裝起來回答。

　　理論非常多，就從你可以掌握的先入手吧！

六、實務題

再來我們要講的是「實務題」，有理論就會有實務，實務有不同分別，有細微的也有大原則。

班級經營是一個很大的實務，班級經營裡面有關小朋友的常規建立，就是比較細微的實務。比較細微的實務中，你講得越細微，就越可以呈現出這個老師多麼有經驗。

例如：「批改作文的過程中會注意哪些原則？」

第一，問到這個問題的時候，我想要知道你有沒有改過作文？第二，你在改作文的時候有沒有用心？每一個人都在改作文，你在改作文的時候有沒有改出心得來？你改作文之前，有沒有先把握幾個原則？

所以在問這個問題的時候，就是想要知道你有沒有教學的經驗？作文指導的經驗？你有沒有在改作文之前，先有一套你評選的標準？你自己有沒有寫過作文？

你在作文教學的時候，有沒有將這些評量的原則，放入你的教學內容裡面，所以你有辦法在改作文的時候，順便再次指導寫作文？如何指導作文寫作、進行閱讀教學、把閱讀跟寫作橋接在一起、如何從閱讀當中指導作文、從課文來引導作文，

這個可以包裝在一起回答，這個叫做「實務題」。

　　實務可以問到非常的實務、非常的細節，可以知道你有沒有經驗、有沒有用心？所以這個題目叫做「實務題」。在生活當中還有非常非常多實務題，我們再來舉幾個例子，看看生活當中有哪些實務問題。

Q1：要怎麼指導學生做垃圾分類？

　　要怎麼指導學生做垃圾分類？垃圾分類是一個實務的、每個人日常生活中都會遇到的問題，那你怎麼做？這又回到剛才講過的「如何題」，所以想想看，因為我有做過，以後如果你做了事情之後，要進行歸納、整理與反思我在做的時候怎麼做，還是我做完就算了？

　　教的時候想一想，它們都有方法，把你的做法整理成方法，把你的方法變成你的策略，在進行策略的時候，就更知道原理和原則，可以省很多時間，而且教學更有方法，這個叫做「策略」。

Q2：如果學生在你一直重複講的事情上還是一再犯錯，你應該如何處理？

　　這是關於學生的犯錯如何處理，是實務上會經常遇到的，也是每一個老師都會遇到的。由於這是每一個老師都會遇到的問題，超級實務，你所講出來的如果跟大家都一樣，代表你回答的是基本常識，是一般的問題。唯有當你仔細想過、歸納出來，才會有你的亮點，不然就跟大家一樣了。

　　這種問題值得我們去省思，如何能夠回答這種實務問題，並且讓大家眼睛為之一亮、覺得你很棒呢？很簡單，生活當中隨時觀察、隨時記錄、隨時寫心得、隨時去反思，就會看到你的亮點了。

　　只有深入的觀察，才會觀察到細微處，從細微處見真章。有一句話說：「魔鬼藏在細節裡。」你深入的反思、深入的觀察，你就可以知道實務當中的奧妙，這裡就能夠分出高下。

Q3：遇到恐龍家長的時候該如何進行良好的親師互動？

　　這個題目比較像「狀況題」，當遇到恐龍家長的時候，你如何做良好的親師互動？當聽到這一題，你就可以清楚知道他要問的就是屬於狀況題底下的「如何因應」，這種也算是「實務題」。

　　我們來想一下，這一題是不是「實務題」？是，每一個老師都可能會遇到，每一個老師的解決方式不會一樣，它裡面又有一個「如何」，考驗你有沒有實際經驗、有沒有處理過，你遇到問題時如何處理、如何有效處理，這就有好幾個層次了！

　　由於實務題都是非常務實，每天都在發生，每一個老師都會遇到，這種實務題的回答，你可以四平八穩，也可以在四平八穩中再提出個人的獨到見解，這可能是一個亮點，會讓評審覺得你是一位用心的老師，願意從細節去出發，注意任何一個小細節、任何一位學生的小部分。

　　你可以讓評審知道，這個老師有經驗而且還很獨到，跟其他老師不一樣，這就是我們要的老師。

七、反思題

　　身為一位老師，在生活場域、教育場域當中，一定會遇到很多現象，遭遇到很多狀況，也一定會處理很多事件。

　　在處理這些事件及狀況的過程當中，你有沒有去檢討、有沒有去修正，最重要的就是你有沒有針對事件或狀況，認真的進行反思？

　　當你在反思的時候，你應該做全面的修正，當然除了有想法外，還得要有做法。當你被問到「反思題」的時候，你就可以告訴別人你遇到狀況時，你怎麼思考、如何去因應調整、如何再出發、如何運用在生活當中，去做滾動式的修正。

　　接著舉例什麼叫做「反思題」，例如：「當前的教育現況中，有許多學生參與私校考試及補習，你曾反思其中的原因嗎？」

　　這是現在很多人會遇到的潮流趨勢，當學生到了五、六年級時，許多學生會去參加私校考試，參加私校的補習，你有沒有去思考，為什麼會有這樣的現象出現？是什麼原因造成這個現象出現？已經存在的問題你怎麼可能沒有思考過？

　　平常有在思考這類問題的人，回答問題時的內容就會具體

許多，當然就會勝出；如果你平常沒有思考過這類問題，當你遇到這種問題就會愣住了。

這種問題屬於一般簡單的問題，如果我們能事先想到，回答的時候就會比完全沒有想過或思考過這種問題的人，回答得更切中要點。這種問題如果你從來都沒有想過，當然也可以回答，因為它一直存在，每個人都經歷過，你一定可以回答，而且你講出來的答案也都對，但是跟有針對此一類型題目仔細思考過、想過的人回答的內容，一定會有落差。

我們來想看看，為什麼要反思？補私校你們覺得是正軌嗎？是正常的現象嗎？通常國小升國中讀公立學校就好了，為什麼會特別去報名私校？為什麼補私校特別流行？它背後的動機是什麼？問題的核心是什麼？大家關注的焦點是什麼？為什麼大家要一窩蜂去考私校？考上私校的小孩為什麼會被說比較有競爭力？這些都是我們可以想的。

反思只能有一個點嗎？不，反思可以有很多的層面，剛才問的是其中的原因，我們要去分析為什麼會出現這樣的現象、它造成的原因，你可以從幾個面向來切入進行反思。例如補私校的原因可能跟我們目前學生的求學、未來升學與家長的考量有關，這個問題就可以從幾個比較細微的面向去切入。

　　生活當中還有許多值得我們去反思的。像我們看到一場
交通事件，大客車在高速公路翻覆，造成很多人死亡，這樣的
現象值不值得我們進行反思？雖然跟教育現場沒有立即相關，
可是仔細想一想，它跟交通安全相關，跟生命教育相關，跟我
們戶外教學的時候搭遊覽車出門都有相關，這是社會上的普遍
現象，為什麼會影響我們在課堂當中的教學？這個都是可以連
結、思考的，你可以從很多層面去思考、連結、反思，從生活
中教學生要如何讓自己更安全。

　　透過這些反思回饋，你會找到更多的方法，也因為這些
「反思題」，讓你會去想更多「如何題」的因應方式，讓你去
解決更多關於「狀況題」的回答方式。

　　如果你每天都這樣去反思生活當中所經驗到的、所遭遇
到的、所看到的事情，養成反思的習慣，這些反思的能力跟經
過所留下的文字跟想法，就會成為你迎向所有問題，提出有辦
法、有系統、有見解、有獨到、有亮點的回答的最佳養分，這
叫做「反思題」。

　　「反思題」可以成為所有題目的根本，當你任何事情都去
反思，你隨時都在思考，就會成為你表達的最佳訓練方式。

　　我從以前到現在，隨時都在進行反思，所以你問我：「為

什麼這個問題你答得出來？」因為我無時無刻都在進行反思，從自己的生活表現、學生的學習成長、我遇到狀況的時候如何回答、如何因應，就算我已經做過了，我還是會去反思這樣做妥不妥當、有沒有更好的方式來解決同樣的問題。

　　只有透過不斷的思考及反思，才能讓自己的思維更全面，思慮更加的縝密。所以沒有最好的答題方式，只有更好的反思、更好的答題策略、更好的實作，才會讓你一次比一次表現得更好，這個就叫做「反思題」。

八、看法題

這時候就可以體會什麼叫做條理、什麼叫做層次，不是把你自己心裡面所想的提出來而已。也就是說，你剛才對於問題、對於教育現況都有進行反思的時候，你所考慮的面向會比較全面，不會只有「我認為」。

例如：「關於實驗教育，我認為這是一個很好的方法，可以解決課堂教學的落差、偏鄉小校的處境，是一個很棒的方式。」這是你的「認為」，一般人都會這樣回答。

如果是我來回答，我不會直接答「我認為」，而是從各個面向切入，分析心裡面所想的跟我所看到的，最後再提出我的看法，這叫做「差異性」。

這是「看法題」，有看法、有想法，就要有做法，這樣又回到「如何題」了，其實這些類型環環相扣，彼此都有相關，不要限制自己的想法，盡量開放、全面，就有辦法面面俱到。

九、贊成反對題

　　答案和觀點可以分成兩種，贊成跟反對，例如：「請問你贊成分組合作學習嗎？」、「請問你反對體罰嗎？」這種都是贊成跟反對的題目。

　　這種非黑即白、讓你選邊站的題目，有可能會成為「陷阱題」，一旦你所回答的跟提問者心裡所想的不一樣，你馬上就會陷入一種窘境，所以這種題目如何答到要領，又要八面玲瓏回答好，在答「贊成反對題」的時候很重要。

　　很多人會問你問題，是他心裡面早有答案，想從你這邊得到印證而已。舉個例子：「請問你贊成或反對學生帶手機到學校？」

　　這一題你可以答贊成，也可以答反對，因為手機是時代的潮流，幾乎每個人都在使用手機了。有些人會說，帶手機影響教學；有些人會反過來說，如果帶手機到學校，可以善用手機輔助教學，讓生活更便利。

　　答案沒有對錯，只有完整與否，你回答問題的時候，要能夠完整的回答才是重點。

十、能力題

　　這類的問題例如：「請說說看，擁有教師證的你有哪些帶班的能力？」

　　帶班要有能力，而能力有非常多種，你擁有的能力有哪些，請你說看看？從能力導向，身為一個老師，批改作業、批改作文、班級經營、諮商輔導、溝通、師生互動……，都是你的能力。所以你平常要反思自己有哪些能力，又回到反思，請利用時間想一想，分析目前的你具有哪些能力。

　　再來，身為老師的我們，可以從各個面向來切入，課程與教學的能力、班級經營的能力、社區互動的能力、親師溝通的能力、課程設計的能力、評量的能力、課程發展的能力……，方向非常多，你可以從很多面向去切入，並舉例說明。

　　當然也不會只有個人的能力，學生的能力也可以，你認為學生需要具有哪些能力，這個問題可以好好想一想。

十一、說明題

　　有一些題目會這樣出：「請試說明學生為什麼會有罵髒話的情形出現？」這是一種狀態，如果問你：「因應這種狀況你會如何解決？」那個是「狀況題」。

　　可是這題不是問你「狀況題」，也不是問你「如何題」，而是要你來說明，這樣的現象為什麼會存在？它背後存在的原因是什麼？這就是說明，說明就是要完整。

　　再看一下題目，你要回答的這一種問題，是每個人都會遇到的。生活中你有沒有反思過？當你反思過再回答這一題，你就有辦法說明清楚，所以反思很重要。

　　當你反思過，回答什麼題目都沒有問題了，遇到這種問題時，就不是第一次聽到，而是你早就想過，當作很重要的問題思考過了，所以要把它說明清楚，讓別人也能認同，這就是你的目標。

十二、時事題

　　例如：「對於食安問題你了解多少？可以怎麼教學生來因應？」時事就是食安、職能教育，食安是大家最重視的議題，不只是小朋友應該注意，每一個人都應該注意，家長又特別關心，那麼身為老師的你又該如何看待？你了解多少、該如何因應，這種題目叫做「時事題」。

　　「時事題」包括很多種類，像狀況、如何、反思，你可以把所有題型夾雜在一起來回答這一題，你不會只提到時事的表層，透過反思，可以回答到更深層，這種題目叫做「時事題」。

十三、何謂題

　　「何謂題」，顧名思義，就是解釋一個教育專有名詞。比如說：「何謂比馬龍效應？」這個又回到我們剛才說的理論，如果你了解、熟悉理論，回答這一題時你就能夠很清楚，而理論背後有很多的哲學跟脈絡。

　　但「何謂」可能是一個專有名詞的解釋，比較簡單，而理論後面要講比較多。「何謂」比較簡單，所以大家都能夠掌握，又回到剛剛提的那兩本書：《教育小辭書》及《教育新辭書》，還有我們目前出現的新名詞，像：「何謂混齡教育？差異化教學？」、「在十二年國教素養導向的課程設計中，何謂素養導向？何謂能力導向？素養導向跟能力導向的差別在哪裡？」這是大家可以延伸思考的。

　　這十三種題目是我們統整歸納出來的口試題目，這十三種題目，如果你能夠知道題目如何出，就已經獲得致勝關鍵的一半了。只要你能獲得另外一半——回答的方向跟答題的策略，你就有辦法把所有題目作有系統的回答，做出差異化、回答出亮點，在口試場合中脫穎而出。

口試致勝的關鍵——審題

首先，我們來講一下「審題」。

為什麼要審題？審題可以知道題目本身字面上的含意，除了要了解字面上的含意之外，也要了解題意背後的出題者動機。一般人只能了解字面上的含意自己解讀，如果你厲害一點的話，就要去想看看為什麼會出這道題？這道題的用意是什麼？你稍微想一想，這個題目真正要問的是什麼？了解後就能把握這樣的想法，胸有成竹的進行回答，所以首先要審題。

舉例來說，例如：「何謂教室觀察？你會如何運用教室觀察來改進教學？」整個題目包含兩個問號，至少你要回答兩個問題。

這兩個問題在前面介紹題型的時候，就已經告訴過大家，我們簡單歸納一下，裡面說到：「何謂教室觀察？」因此這一題的類型屬於「何謂題」。

「何謂題」是要能夠知道這個題目的專有名詞，一個理論或一個專有名詞，像是「教室觀察」，它是一個新興的專有名

詞，以前可能沒有，後來出現了，這就代表它的重要性。

　　它為什麼會被提出來？可以與我們現在時勢的教育潮流做連結。比如講到教室觀察，它跟教師專業發展有關，就是跟觀課有關，跟入班觀察有關。你可以先說它本身是什麼意思，它背後的時勢影響是什麼，它為什麼現在很重要，你可以去提這些東西。

　　另外，在「學習共同體」中有公共性，公共性是藉由大家互相看、互相學習，用這樣的方式來精進教學，這些方式都可以在答題時做連結，所以你馬上要去聯想，這個題目跟自己所了解的所有教育相關理論，並實際跟你所做過的事情做連結。

　　再來，「你會如何運用教室觀察來改進教學？」這個叫做「如何題」，「如何題」就是你要把做法跟大家分享，講到教師專業發展裡面的課室觀察、教室觀察，你的實務經驗是什麼？可以把「如何題」的答題技巧及答題方式，拿來回答這一類的問題。

　　既然知道這個專有名詞是什麼，把握這一個「何謂題」之後，你就可以回答「時事題」。所以你只要掌握解題的三種脈絡，就可以好好回答這一題了。

　　教室觀察、教師專業發展、教師精進教學，這些就是最

新的時勢，你要有你的想法與做法，另外你要知道這個專有名詞是什麼。當你沒有辦法知道這個專有名詞是什麼，你就會緊張，所以我們要留意當前的教育專有名詞。

　　講到審題，另外有一個題目是：「你會如何進行孩子作品的評量？」這是「如何題」，你要先講你的做法、你的策略，接著說說看你知道的評量方法，這就是「說明題」。

　　你要說明評量的方法有幾種，看你對評量了解多少。說出評量的方式有哪幾種、怎麼做評量、我如何因應各種情況進行評量、評量之間的差異在哪裡、為什麼我們要做評量，光是一個評量就可以講很多了。

　　所以這個題目包含了兩個問題：一個是「你會如何進行孩子作品的評量？」這屬於「實務題」跟「如何題」，這部分是要問你有沒有實務經驗；另一個是「你知道的評量方法」，就是要你說明一下評量是什麼？你知道的評量有哪些？當然還可以附加其它的回答，你怎麼做？為什麼要這樣做？你可以把它講得很完整。

　　除了基本的答題，又幫自己加分。

　　所以「審題」這個步驟是非常重要的。

第一，審完題之後你心裡面會更篤定、更踏實；

第二，答題的時候更精準掌握重點，依照你的時間多寡，看要用什麼方式進行擬答，這個就叫審題。

TRICK05
胸有成竹的口試回答策略——擬答

　　擬答就是把我心裡所想的，根據我審題之後的題意和題目背後出題者的動機（它的重要性在哪裡、為什麼要出這種題），我們了解之後再來回答，並且要有心裡的想法跟自己的藍圖規畫。

　　當你審完題之後，你知道這一題要問什麼，這時候你有想法，你有規畫好的藍圖跟你的答題架構和策略，你就胸有成竹了。當你胸有成竹，話一出來就十之八九確定了；當心裡無法胸有成竹，那你會想什麼就答什麼，亂槍打鳥，沒有辦法答出主要的核心來。

　　我們來看這一題：「何謂教室觀察？」

　　教室觀察馬上就要聯想，先告訴一下評審，什麼叫「教室觀察」，教室觀察是怎麼出現的。

　　這是一個新的專有名詞，它是近幾年出現的，它是教師專業發展底下，為了讓老師精進教學、開放教室、讓同儕互相觀課、議課、備課（教專三部曲），用這樣的方式延續下來。

為什麼要做這個，是因為老師教學都有自己沒有看到的部分，藉由同儕互評、同儕回饋，可以獲得那一雙善意的眼睛所帶來的好處，這個叫做教室觀察。

我們不但回答了「何謂」，而且還附加了它的好處和它的價值在哪裡，為什麼要這樣做、你會如何運用教室觀察來改進教學。我會如何做呢？首先我會邀請大家來，或是用很多方式把別人邀請來。

再來，我要用什麼方式讓大家看我的課堂，除了我讓人家來看我的課堂，可不可以去看別人的課堂？可不可以加入教師專業社群？可不可以加入學校的教專？可不可以參加校外的備課團體？可不可以參與很多老師的研習？大家都會互相交流，這些都可以，教室觀察只能在學校裡面嗎？可以在學校內，當然也可以到學校外面。

現在有很多人在公開觀課、開放教室，我可以在坊間找到我備課的夥伴，找到網路上跟我相同類科的老師，他開放教室讓我們看，我們就可以去。我們也可以參加研習所辦理的公開課，在我要開放我的教室之前，我可以先去看別人上課，給予老師正向回饋，帶著一顆謙虛的心拜託老師讓我看，也同等互惠請別人來看我的課，用這種方式來進行楷模學習。

　　楷模學習不是只有學生可以楷模學習，老師也可以互相
進行楷模學習，每個人都不是最完整、最完美的，只有不斷精
進，才有辦法改進自己的教學，進而幫助學生。

　　你用這樣的方式來進行，這時候就可以說你目前所了解
的，別人進行課室觀察的時候，都是怎麼做的，自己又是怎麼
做的。

　　為什麼我這樣做？可能取決於我的學校所在地，可能取決
於學校的政策，可能取決於我的社群參與，這些都可以講，講
完之後，當然你有自己實際參與更好，你可以講教室觀察為你
帶來的好處，給你的受益，及幫助學生學習的具體事例。

　　怎麼講具體事例呢？如果你在學校真的有參加教專，真的
有嘗試過學習共同體，你有看過別人教學，或是別人到你的教
室，都可以講。比如我們當實習老師的時候，都有教學觀摩、
教學演示，後面都有很多的人，校長、主任、老師、學年主任、
科任老師、教授給我們的回饋，那個就是教室觀察背後得到的
回饋。

　　得到這些回饋對你有沒有幫助？你如何得到這些幫助，回
饋給你的學生？你自己有沒有改變？有沒有改進？這些都可
以談，能運用的方式太多了，但口試的時間很短，你用這樣的

方式去講，大概就能回答到問題了。

　　再來看你要釋放哪些訊息，像前面提到的學習共同體，或是講教師專業發展，順便講到自己目前是教師專業發展的輔導夥伴，以前到別人的教室去看別人教學，現在我打開我的教室歡迎別人來看我的教學，跟同儕互動。

　　「楷模學習的過程中，其實收穫最多的是我自己，以前的我，不敢打開我的教室讓別人看，只想看別人教，現在的我，試著打開我的教室，其實我收穫得更多。」大概用這樣的方式去說，有具體的理論、有實際的經驗，來答如何題，你就可以達到基本的分數了，而且不會偏離。

　　再來講到的是評量。

　　在擬答的時候要想，雖然二個題目是倒過來的，「你知道哪些評量方式？」、「你如何運用這些評量方式進行評量？」這兩個可以倒過來，你可以先講所了解的評量方式有哪些？甚至可以提一些像是為什麼要進行評量、評量的重要性、評量的好處，再來講到評量可以分成哪些類別。

　　這個就是前面說的「說明題」，這部分就要去讀書，你要讀很多書，然後歸納，就可以講出來了。

　　講到評量，你就可以分類，如果以時間的長短來講，可

能就有課堂上立即性的評量、有形成性的評量及一學期的總結性評量；若以形式來看，可能有紙筆測驗、觀察表演、展演、作品、學習單，當然評量也有動態性的評量或是其它的評量方式，你都可以提，這是你知道的，所以你可以分類，讓別人聽起來很清楚，你有整理過了，而不是全部都混雜一起講。

接著可以講自己如何把評量的方式運用在課堂上，帶領學生進行學習？比如說你教什麼科目，或是先講每個科目進行評量的方式都不一樣，例如國語科的重點在哪裡？教學目標是什麼？我們用什麼方式進行評量？而藝文科、美勞科比較不一樣，教學目標、教學內容不一樣，所以它採行的評量方式也不一樣。

講完就可以說自己在藝文科、在美勞科或是在音樂科，自己平常用的評量方式是什麼？開學第一堂課時，如何跟學生分享我會進行的評量方式，然後我怎麼做，每一堂課怎麼做，一學期怎麼做，最好的是可以提一下課堂上實際是怎麼做的。

因為每個老師都有教學經驗了，你講自己的評量方式來舉例佐證剛才自己所說的。評量這麼多，不可能每一次都做到每一種評量，你只能依照你的教學目標，找到合適的評量方式。

將評量回歸到教學中，評量可以檢視老師的教學成效，評

量可以看到學生的學習成效，成為下一堂課進入及切入教學的基礎。

當題目的說明講到了，自己如何做也講了，實際做法也講了，最後再提一下，如果課堂上沒有關注到評量也是在教學，那課堂上有進行教學也關注到評量，又關注到多元的評量方式，這樣的方式有沒有比沒有關注到評量來得更好？

你可以把它提出來，再連結到題目，評量的重要性及評量的好處，評量在課堂上可以怎麼做？就是如此而已，最後回到主題，這個擬答就結束了。

每一個題目的擬答方式不太一樣，但是基本的準則是一樣的，你要掌握題意，知道它要問的是什麼，基本上題目都有回答到，就可以達到基本分數了。

如果有辦法答得有亮點，那就得到高分了。別人有答到的你當然要答，別人沒有答到的你提到了，那你就勝出了。別人有提的東西，你能答得很完整很具體，那分數就更高了。

TRICK06
多讀、多答、多練習、多講──實際操作

　　前面介紹了審題、擬答後，接下來要講實際操作。

　　我們現在來檢視一下，以這個題目檢視審題：「如果你的課程設計和同儕產生衝突，你會如何處理？」請問一下這是什麼題目？是「狀況題」，你會如何處理？是「如何題」。因為有狀況，所以要知道如何處理，再來講到溝通無效要如何處理，這是如何題。

　　再來，「你知道學習共同體的內容嗎？如何運用在你的美術課？」這題有二個問號，前者是理念或專有名詞內容，所以要說明理論的內容。如何運用在你的美勞課？這是如何題和實務題。當我們把這麼多種題目都想過了，找到它的策略之後，再回來答這一題，審題就沒有問題了。

　　接下來我們看擬答。

　　「你知道學習共同體的內容嗎？」一開始要不要先針對

學習共同體來解釋名詞？顧名思義，提出「學習共同體」這個專有名詞的時空脈絡，它為什麼會出現？出現的原因是什麼？為什麼要關注這個？沒有關注有沒有關係？關注了會不會更好？有了這個想法之後，接著講它的內容。

　　然而內容這麼多，你有辦法講完嗎？因此只要大略講就好了，從它的操作方式、課堂裡的教學原則、學生的學習樣貌都可以講，看你要分幾個層面去講。因為時間有限，你只能分層面去講，只要講它的主要內容就好。

　　「如何運用在你的美術課？」你要把理論帶入實務，進到你的教學經驗、如何使用。所以你在進行美術課之前，為什麼學習共同體會變成美術課裡的教學方式？學習共同體是分組的還是個別的？是分組的，所以在美術課的時候，要不要做前置作業？在美術課當中，如何來操作學習共同體？未來會怎麼繼續做？這些都是你可以去講的。

　　進行的時候是個脈絡、是個過程，在講過程的時候，可以講進行一堂課前、課堂中、課堂後，包含一個過程。因為是你的課，所以可以講具體的、曾經帶過的活動，用在某一個單元的教學，美勞課可以、音樂課可以、國語課可以、數學課可以，因為那是一個形式，它是一個教學方法。

　　即使教學的方法一樣，不同老師在帶領不同學生學習，所以就改變了教學方式、改變學生的學習方式，這些都可以去答，答完了之後，這題就講完了。當然還有很多面向可以提，基本上擬答方式就答到這裡。

　　實際操作的部分，我們問了兩個題目，我們要不要回到審題呢？要不要回到擬答？擬答了之後就要試著去答，要答完答出來，看有沒有回答到問題。

　　回答的方式非常多種，沒有最好的方式，只有適不適合跟有沒有回答完整，這是你需要留意的。

　　最後進入到評量。

　　從審題到擬答的可行方式，我們有很多的考古題，你可以試著去解構它，知道它是哪一種類型，就會想到擬答的方式。想到擬答的方式，就胸有成竹的把它講出來。

　　你唯一要考量的就是自己的實戰經驗和教學經驗、生活經驗，多讀、多答、多練習、多講，你就會進步了，這個叫做實際的演練。

　　最後，其實題目沒有一套絕對的公式，但基本上你能夠掌

握審題和擬答，就能夠完整的回答出來了。其次，你要讓面向夠廣，只有透過不斷閱讀、吸收新知，課堂上認真的學習、認真的教學，生活中認真生活，你就會知道生活中的小細節。

　　教學中認真教學，你就會發現很多細節，然後再寫下教學省思或教學札記。這些教學省思及教學札記，就會成為你進行口試時信手拈來做舉例的、做說明的，讓別人信服你是個有經驗的老師的最佳素材。

從感受、想像、實踐、分享，
談口試擬答策略與應用

一、口試的擬答構思

　　之前談過審題及擬答，特別針對各類型的口試題目進行歸納分類。在目前的教甄口試中，又以實務導向的如何題及狀況題最常見也最容易準備，在此就來分享一下，如何針對這一類題目進行擬答的構思及表達。

　　有系統的思考方式可以讓我們的回答更全面、更有深度，也能豐富我們的回答內容。如何讓我們的回答更有系統？思考法有無限多種，在此介紹一下「全球孩童創意行動挑戰（Design For Change，簡稱 DFC）」的四個簡單設計思考步驟：「感受」、「想像」、「實踐」、「分享」。

　　如果可以利用這四個簡單的設計思考步驟來進行回答，就可以簡單而有效率的完成如何題及狀況題的回答。

二、透過「感受」、「想像」、「實踐」、「分享」， 作為解決問題的思考方向

「全球孩童創意行動挑戰」是一個在印度發起的創意學習活動，為引導中、小學孩童透過自主學習發想，尋找身邊或社會上的問題，並思考改善方法、解決問題的最佳情境，進而實際行動解決問題的挑戰活動。

此挑戰活動於 2009 年自印度發起，2015 年已發展至近 40 個國家，有超過兩千萬名孩童參與過此挑戰。

「感受」、「想像」、「實踐」、「分享」，這四個步驟是發現問題、解決問題的一段歷程，如果老師們平常在教學時就可以掌握，用這樣的方式來進行所有教學現場的問題解決策略思考，則可以有系統且有方向的進行自我探究及解答。

教學現場的任何問題，老師都要有所覺察，也要有深入的研究，在教育研究中有一種研究法叫做「行動研究」，就是老師在教學現場之中發現問題，然後試著用自己所想到的方式來進行問題解決。

教師及研究者自己發現問題，自己嘗試解答，這樣一來對於問題的深入了解者就會是教師，也就是研究者自己。

　　然後用自己覺得可行的方式來進行探究，就算最後所得到的答案並非是最佳、最適合的答案，至少在解決問題的過程中，自己一定會有所啟發，對於問題有更深一層的體會，也會衍生出其他的發現。

　　例如因為研究需要而去做其他的閱讀，因為研究上的需要而與他人互動及討論，這樣的方式是老師自己帶著問題去找答案，最符合自己教學現場的需要，也最符合自己的學生學習上的需要。

　　「感受」、「想像」、「實踐」、「分享」這四個步驟剛好可以用來解決教師在自己教學場域中遇到的問題，作為自己嘗試找到答案的參考策略。

三、口試題目的擬答舉例與示範

　　對於教學現場的任何問題或是當前的教育趨勢，老師必須有所感受、有所省思，然後有所涉獵、有所接觸，例如：「當學生不寫作業時，身為老師的你如何引導協助學生完成每天的作業？」

　　這類型的題目，就是「狀況題」加上「如何題」，這一類的題目就可以用這四個方向來進行思考，然後進行四個步驟的回答。

1.感受

　　我們可以先從感受的部分來進行討論，對於學生的狀況，自己的感受如何？他人的感受如何？學生自己的感受如何？為何學生會有這樣的狀況出現？是什麼原因造成這樣的情形？不寫作業是長期的狀況還是突然的狀況？這其中有很多可以探討的部分。如果從感受面來談，就可以將事件的前提做一下交代。

2. 想像

　　接著進入到想像的部分，想像什麼呢？想像就是自己的發想，要解決這樣的問題可以怎麼做？別人都怎麼做？自己會怎麼做？自己與別人不同的地方在哪裡？為什麼我們會這樣做？這樣做有什麼好處呢？對於同樣的狀況，我曾經嘗試過幾種方式來進行問題解決？

　　這其中可以包含兩種層次的探討，第一是只有單一想法，第二是有多元的想法，包括以前及現在。

3. 實踐

　　在討論完感受及想像這兩個部分之後，我們要進入到實踐的部分。

　　對於任何問題的解決方式提出，除了有想法，還要有做法，而且最好是積極可行的做法。這時候就可以把自己的實際做法或是別人的實際做法都拿來進行回答，並且要說出這些做法的普遍性及獨特性。

　　這部分只要是在教學現場的老師，都一定有碰過學生不寫作業的情形，深入淺出娓娓道來自己的處理方式，讓聽講的人可以感受到我們是有經驗且有想法及做法的老師。

在討論實踐的部分，要盡可能的讓回答可以有廣度又有深度，如何有廣度及深度，我們後面會詳加說明。

4. 分享

最後進入分享的步驟。有經驗的老師，一定會處理過教育現場的任何狀況，也會因為經驗過而獲得能力，這時候可以分享自己的心得，也可以分享自己持續修正的歷程。

任何狀況都不可能一下子就找到答案，只有不斷的修正，才能臻於至善。用白話一點的說法就是：「**沒有最好，只有更好。**」透過分享的方式呈現自己的處理原則及做事情的方式，並且點出自己會不斷的反思、修正，然後再繼續經驗、分享經驗，也提出自己持續精進的教學心態。

如果可以透過**「感受」、「想像」、「實踐」、「分享」**這四個方向及步驟進行回答的思考及設計，就可以讓聽講的人感受到回答的完整度，因為這是一個行動研究的歷程，是一個循環。就如同教育的歷程，就是不斷的修正再出發，充滿正向循環的過程。

口試技巧──忘、記

　　答題練習的時候，你會整理很多資料，要將這麼多資料都呈現出來並不容易，所以你會害怕是否有沒回答完整的地方，比如說有三點，但是只能說出兩點，害怕第三點說不出來。

　　此時你不要害怕忘記，答案是沒有辦法全部背起來的，擔心自己在口試時答不好？在此分享一個好方法，就是「忘記」，你要把握兩個字：「**忘**」和「**記**」。

　　你要忘掉你所得到的所有資料。要把所有找到的資料背起來是不可能的，當答案有三點時，你怕講了兩點之後忘記第三點，就會緊張，所以你要忘掉你收集到的資料，但是你要記得資料裡的關鍵字，還有你答題的脈絡。

　　只要帶著你的脈絡，就有辦法把整個問題答好，這就是我所說的「忘」、「記」。

　　記住！千萬不要把所有找到的資料都背起來。這樣的方式並沒有用，你該忘掉硬背的部分，只把重點內容消化掉，並作筆記即可。如此一來，你就有辦法忘掉所有內容了。

接下來你要記得重點，你整理出來的重點，還有你自己的
答題脈絡。用這樣的方式面對所有的問題，你就有辦法從容的
回答，並且回答得完整。

TRICK09
簡易三步驟的答題方式

其實口試沒有絕對的方法與操作方式，因為口試是臨場的、是即席的，所以必須要能靈活運用一些回答的小技巧，如果可以進行實地的現場演練，則會更加深刻體會。

這邊先提醒一下，關於口試如何回答，不妨用簡易三步驟的答題來讓回答有架構。

什麼是簡單的三步驟呢？

過去，現在，未來。
首先，再來，最後。

大部分的老師喜歡用三步驟的方式，說明自己怎麼進行某某教學，或是老師在進行某某方案教學或特殊的教學方式時，或是在處理什麼樣的狀況時，許多老師會用三步驟的方式進行回答。但是這樣的回答方式要記得，一定要把三個步驟都說到，才不會掛一漏二、掛二漏一，或是只講到部分，後面就忘

記還有哪些沒有講到。

　　另外，若是提到教學上自己的經驗或是看法，會使用哪些策略時，則可以先談論某某教學、教學方法的重要性或是目前的現況，然後分享自己的實際教學經驗。

　　若是可以把自己在精進教學的歷程脈絡交待出來就更棒了。例如，原本不會的現在會了，是如何達成的？以前不在意的現在很注重，又是為什麼？

　　這時候則可以用過去、現在、未來進行回答。

　　最後當然要回到問題的焦點，把題目回答完整，用一個強而有力的結尾來提示重點，用以結束回答。

　　口試回答沒有絕對的方式或是單一的方式，但是必須要能聽清楚題目，快速抓到問題核心，切中要點的回答，有理有據，有理論有實務、有架構、有條理，然後從容不迫的回答，溫柔的眼神、堅定的語氣、不疾不徐的語速、誠懇的應答，如此一來就能有好的表現。

勝 勝忠老師小叮嚀

※ 簡要筆記重點：

1. 首先→再來→最後

2. 教學上的回答：

　（1）講某某教學的重要性及教學方法。

　（2）說自己試過的方式。

　　　　如：以前覺得不喜歡教作文，但在參加過研習

　　　　後，學到讀寫合一。

　（3）過去、現在、未來（說出自己的改變）。

　（4）結尾。

3. 開頭及結尾：帶出教育理念以及感動自己的一句話。

如：以「任何一個孩子，都不該被放棄……」開頭。

說得有理——談論點、論據、論述

　　題目的回答是在講道理，使自己的回答內容得到聽眾的認同，因此必須要能夠言之成理或是言之有理，最好能夠說到對方的心坎裡。

　　舉口試題目中的「如何題」為例，「如何」就是你要提出解決的方法，解決的方法千萬種，你提出來的方法是你認為可行的方法，可是它有沒有效、別人認不認同，這就很重要了。

　　如果你提出的方法沒有效，為何要提這種方法？我提出來的方法就是有驗證過、有效的，所以我必須要告訴你，它是有效的，也值得你去嘗試看看，對你一定有幫助。

　　所以我們必須要找到一個支持我們的方法，強而有力的支持支撐，在回答這種如何題的時候，就好像在論述：「我提出來的方法是有效的。」

　　所以當你在論述的時候，必須先提出你的論點，然後進行論述的過程當中必須要有論據，論述的過程要言而有據，提出這幾個方法是有支持的、是有別人認同而支持你的，這個叫做

你的證據所在，所以包含了三個點：**一個是「論點」，一個是「論據」，一個是「論述」。**

只要你答題能夠做到這三點，就可以回答這個如何題，並讓別人信任你，讓別人相信你提出來的內容有論點、講得很好、很有邏輯脈絡。這三點中，剛剛說的論據，就可以舉一個自己的實際經驗。

你是老師，所以很有說服力，你有教過學生，你有看過學生的學習，你有看過學生遇到這樣的狀況，從沒有動機到有動機，你講一個真實的故事，就可以支持你所講的四個點，代表你教過了，並且有歸納省思、反省你的教學。

你發現小孩從沒有動機到有動機，甚至他主動去幫助別人、很期待來上課，這都是證據所在，所以你提出來，就可以支持你所講的，用這樣的方式，提完了最後再來總結。

這個就是簡單的三段式答題架構，言而有據、論而有據、論述又分點，很清楚，而且講理論又講實務經驗，我們要的就是有實務經驗的老師，這樣的回答、這樣的架構，就會讓你的回答很完整、很具體，而且又很實用，用這樣的方式答題的話，就四平八穩了。

關鍵字思考

　　放諸四海而皆準的「關鍵字思考」，不但簡易又有效率，而且是許多時候都可以派上用場的口語表達方式。

　　許多教育專有名詞，以及時下大家常常掛在嘴邊或是期刊雜誌上常出現的流行語，都可以拿來作為回答問題時的關鍵字，並且藉此來進行關鍵字思考。這邊提到的關鍵字像是「有效教學」、「以學生為中心」、「素養導向的教學」、「跨界」、「混齡」、「實驗教育」、「多元」⋯⋯等。

　　為什麼要這樣做呢？因為平常我們的思考都是屬於直覺式的思考，想到什麼就說什麼，以致於在回答問題時，只要不緊張，對於問題的核心能夠掌握，都能夠答，但是仔細回顧回答的內容，就顯得平鋪直敘，沒有特別的亮點，也看不到特別獨到的見解。

　　因此，需要以一個主軸來貫穿，讓回答的內容圍繞在一個重要概念上，這時候，「關鍵字思考」就可以派上用場了。

　　如果題目問你：「可否請您分享您的班級經營方式？」或

是「請您談談班級經營的重要性」，這時候就可以透過關鍵字思考的方式進行擬答。

例如分享自己的班級經營方式，這時候就可以扣緊「多元」及「以學生為中心」來進行，因為學生來源不一，家庭背景也不同，在一個近三十人的班級裡，老師的班級經營方式必須採用多元，才能迎合所有學生的心理及個性需求。

另外，還可以從相對性的思考方式來提出例外，大原則是多元，但是有例外，如某些層面一定是「單一方式」，如老師在對於學生沒有繳交回家作業或是當學生犯錯時的原則，不會輕易改變、會堅持到底，如此一來，這樣的回答方式就可以先講到大原則，然後再講到特別的地方，關注到全部，也提示到重要的局部及重要的點。

這樣的回答方式既可以回答到廣度，也可以顧及到深度，將老師的班級經營有系統的回答給提問者知道。多元講的是普遍性，單一講的是獨特性，這樣可以提出重點，讓聽的人印象深刻。

在談論班級經營的重要性時，可以透過關鍵字思考。這裡可以採行的關鍵字非常多，如：「有好的班級經營，才有穩當的課堂教學。」在回答時可以扣緊主題來進行論述，有理有據

的侃侃而談，談自己的教學經驗、談自己實際的課堂際遇，藉此凸顯自己是有班級經營能力的老師，最後讓聽者可以感受到班級經營的重要性。

另外，例如「以領導代替管理」，這時候就可以強調老師的領導風格，從不同面向來探討班級經營的重要性，其中又以老師的領導更為重要，老師就像是班級的領頭羊，「有怎樣的老師，就有怎樣的學生。」喜愛看書閱讀的老師，就會培養出喜愛看書閱讀的學生。

簡單的關鍵字思考，可以讓你在短時間裡，進行擬答的構思，如果還可以善用「**正－反－合**」的回答技巧，則可以更讓聽你回答的人覺得你的回答非常有系統，且相當符合邏輯，藉此達到讓聽者眼睛為之一亮的目標，讓你的回答既有內容，又有亮點。

PART2
實例演練篇

口試回答實戰演練

　　接下來我們列了十五道最經典的口試問題,並一一模擬回答的範例,只要善用前面介紹過的幾種方法與技巧,套用於自己的經驗上,相信這些口試問題絕對讓你手到擒來。

Q 如何進行有效教學?

　　我們先以審題→擬答→實際操作的步驟,來拆解這一題。

Ans:

一、審題:

1. 簡單定義有效教學:把學生教會。

2. 如何把學生教會,提示學生有個別差異。

3. 思考學生不同的學習型態、困難、動機、學習方法。

4. 老師能怎麼做:備課、多元評量、多元活動、考慮多元智慧、重視學生個別差異。

5. 藉由課程的準備、活動、評量,老師進行再修正,透

過老師的反省，循環的過程，精進教學。

6. 例子：結合金鐘獎，創意從生活中取材。

7. 學生有什麼改變？

8. 老師也獲得成功經驗，師生間的教學相長，獲得好的循環。

9. 有力量或溫柔的句子結尾，如：我正在嘗試、我所做的努力、我相信……

二、擬答：

◎理性版

【定義】

只要把學生教會，就是有效教學。

【為什麼】

為什麼要實施有效教學？從過去的九年一貫到現在所提倡的十二年國教顯示，學生在校學習時間不斷增長，那麼如何在有限的時間內，讓學生學習到學校所要帶給學生的知識，便成為十分重要的議題，因此「有效教學」便出現了。

每個學生在學校上課的時間是一樣的，如何將知識、素養帶給孩子，累積孩子能力，老師的教學便極為重要。

實施有效教學，搭配多元化評量，讓孩子能夠在有限的時間內完成學習，課餘時間能夠進行其他活動，達到適性成長，這便是有效教學。

【如何】

我自己曾經在班上所實施的有效教學是：指導學生提昇造詞能力，我使用大風吹的模式，讓孩子們透過遊戲學習造詞，

一方面檢視孩子學習是否達到教學目標，另一方面透過同儕教學，增進孩子間的感情及學生的溝通能力，透過活動的方式來了解學生的學習成效。

　　活動結束後施以評量，了解學生的迷思，與資深教師討論活動修正及評量檢測方式和參加共備討論，不斷修正教學，討論創新的教學，一次一次的修正。透過這樣的教學方式，我發現孩子更樂於學習，學習動機也因此提升，評量孩子學習成效時，發現造詞能力提升，而且錯誤率降低許多，快樂的學習，也達到學習成效。我想，這是親、師、生三者共同樂見的！

　　【總結】

　　有效教學的方式沒有唯一，只要學生學會，達到老師所設定的教學目標，就是有效教學。對於老師而言，將學生教會，是莫大的快樂；對於學生而言，看到自己能做到了，便達到馬斯洛所說的「自我實現」；對於家長而言，看到孩子快樂成長，便是最大的安慰。

　　身為老師的我，可以透過許多方式精進自己的教學，包含與資深教師討論、研習、共備課程等方式，讓學生學會，就是有效的教學。

◎**感性版：**

　　【我不知道】

　　我不清楚什麼是有效教學，我嘗試著修正我的教學，去做
到有效教學。

　　【我正在嘗試】

　　記錄是改變的最大基礎，對我來說，我不知道什麼是有效
教學，但我就現在的教學進行修正，每一天課程結束，我便會
將課堂記錄寫下，記錄學生給予的回饋、教學流暢度及學生學
習成效等。

　　因為記錄，我可以發現不足；因為記錄，我可以再一次修
正教學；因為記錄，我可以修正後再次實施教學，使自己的教
學達到有效教學。

　　我自己曾經在進行低年級的生詞練習時，實施大風吹的遊
戲，透過遊戲的方式，孩子可以學習正確的造詞，透過遊戲，
同儕間發現錯誤、透過遊戲，孩子更加樂於學習。

　　遊戲後實施評量，了解教學目標是否達成，我發現孩子造
詞能力提升許多，而且期待著下一次的上課，這對我而言，就
是最大的教學動力。學生期待著課程，亦如同老師期待著學生

學習反應。對學生而言，這是有效的學習；對身為老師的我而言，這就是有效的教學。

【我覺得】

我覺得有效教學是教師透過教學及評量，來檢測老師的教學是否有達到教學目標，透過有效教學、學生學習、老師教學中記錄修正再進行教學，三者循環。

不只學生，老師也透過做中學習，學習如何將知識教給學生，學習如何將素養帶給學生，學習如何用最有效的方式進行課堂教學。看到學生的學習成效後，發現迷思便修正，透過共備、研習、請益資深教師等方式不斷的修正。透過記錄修正再施行，我的教學便能夠成長。

【我希望】

每一次記錄就是成長的開始。因為記錄，就會嘗試改變，嘗試創新。我希望透過修正改進、嘗試參與各種研習、共備討論激盪出更多有趣的火花，使自己的教學能達到有效教學。老師樂於教，學生樂於學，而這樣的快樂，不只是快樂，進行評量時，亦能達到教學成效。對我而言，這就是有效教學。

三、實際操作：

◎理性版

　　有效教學其實很簡單，就是要把學生教會，把學生教會就是「有效教學」。那為什麼要來談有效教學？

　　因為我們每天都在教學，我們每天大概都上好幾堂課，每一堂課 40 分鐘，我們都有辦法從上課到下課把它教完，學生也都有上我們的課。

　　可是有些學生他總是能夠在評量當中獲得好的成績，有些同學他們永遠在評量過程當中得到不好的成績，好跟不好不是重點，重點在於他們能不能學會，對於老師的教學內容全盤吸收，達到老師所設定的教學目標。所以，同樣在教學，有人只是教完了，而有的老師卻能在有限的時間裡把學生教會，這個就是其中重要的關鍵。

　　有效教學就是把學生教會，所以老師要如何把學生教會，就變成是我們必須要去思考的重點了！

　　有效教學很重要，這關乎老師的備課，備課的過程當中，如果老師能夠去思考學生的學習型態、學習困難、學習動機、學習方法，這些如果都考慮進來，在進行教學的時候就會不一樣了！

同樣是在教學，有的老師會在課堂前備課，有的老師會想到多元的評量方式，有的老師會用多元的活動讓學生來學習，這樣的學習過程，就是要幫助學生有效的學習。

教學不是只有單一的方式，因為學生有多元的樣態，每個學生的學習型態也不一樣。如果老師可以照顧到每一個小朋友的學習型態，用多元的教學活動，考量到學生的多元智慧給予不一樣的學習方式，在過程當中就可以看到學生的個別學習差異，再輔以老師的多元評量，讓每一個小孩都有機會依照自己的學習風格來進行學習。

教學、準備、課堂活動、課程後的評量還有老師下一次的再修正，這個是達到有效教學很重要的循環基礎。

身為老師的我，曾經在我的課堂裡面去試著改變我的教學方式，以往進行課文教學的時候，我會讓學生他們朗讀課文、畫圈詞，還有讓他們寫下容易錯的圈詞、寫課文。可是我今年嘗試改變，我想課堂上的改變，應該是在幫助每個學生用不一樣的方式來學習，進而達到我的有效教學目標。

我看到今年的金鐘獎頒獎典禮，發現男主角、女主角這樣的獎項，如果把這樣的頒獎典禮放到我們的課文教學裡，應該會滿有趣的，所以我鼓勵小朋友朗讀課文。

　　以前朗讀課文，小朋友只是心不甘情不願的把它唸完，可是我告訴他們，朗讀是有技巧的，是帶有情感的，你可以欣賞這一課的課文。所以我辦了一個課堂裡的唸讀課文大賽，我叫它「金讀獎」，讓每一個小朋友有機會來挑戰自己朗讀課文的能力的提升。

　　最後過程中，看到幾個小朋友上課的時候表現得非常好，因為他很調皮搗蛋，他很敢秀，他能夠引發同儕的共鳴。

　　在教學過程中，我看到平常學習動機不強的小朋友，因為老師的教學改變，而對這堂課產生了高度的學習動機，而且獲得同儕很高的肯定。這樣的教學活動，雖然不是考試成績的立即提升，但是我可以看到學生學習的改變，學生的眼睛亮了！

　　學生對於課堂的參與度提高了！我想再給他一點時間，學生的學習一定會有更佳的表現、更加的亮眼，這是我在課堂嘗試有效教學的經驗分享。

　　我想，有這次的成功經驗，會讓我在未來的教學準備再花多一點時間，考慮學生多一點，然後設計活動多一點，設計自己可以達到的教學目標，用自己的方式來幫助學生學習，不管學生的學習表現多少，但是只要能夠幫助到學生學習，我就會嘗試去做。

有效教學沒有單一路徑，我正在嘗試，想用多元的方式、多元的活動來幫助學生學習，讓每位學生都有機會成功的學習，這是我的分享，謝謝！

◎感性版

其實，有效教學這個問題，一直也是我正在思考的問題，因為我覺得好像有點困難。目前在學校我正在教一年級，我覺得要把一年級小朋友教會真的有很大的難度，對我來講有很大的挑戰性。

可是，我嘗試著把我的教學過程記錄下來，因為有老師跟我說：「記錄就是改變最大的基礎。」所以我嘗試把我教學現場的教學活動記錄下來，每天上完課後我會試著去做記錄，試著去幫學生的作品拍下照片，然後從記錄跟思考的過程當中來想，下一堂課如何來教。

我不知道如何做到有效教學，我也不曉得我這樣的方式有沒有效，可是我現在正在做的，就是先把我的困難記錄下來，在記錄的過程當中，我想到：「為什麼有些小朋友學得很快，有些小朋友就學得很慢？會不會是因為他們在幼兒園的時候，

就已經提前學習了呢？還是在家裡爸爸、媽媽幫他們學習，而讓他們學習得比較快？如果沒有去上幼兒園，爸爸、媽媽也沒有辦法幫助他們的小朋友，他們要如何學習呢？」

我記錄完之後，想了又想，我想到他們最大的依靠就是老師——我，所以我在課堂的時候，不能只看這些學習很快的小朋友，或是家裡有幫助者的小朋友，因為有一句話是這樣說的：「不讓任何一個孩子落後！」老師的功能角色，就在這時候可以起作用。

對這些學習比較落後、起步比較慢的小朋友，我在想，應該不是他們的智商問題，而是學習進度的問題，如果我可以想辦法幫助他們，給他們機會學習成長，補足了老師的功能，補足了家長的功能跟角色，還有他們提前學習的這一段歷程，假以時日這些小朋友應該也可以跟上進度的。

在記錄的過程當中，我又想到了，我要讓每一個小朋友有機會體驗一下過去參與幼兒園的課程，還有在家裡親子共讀的那一段美好時光。所以在這一堂課當中，我打算帶著學生來進行體驗學習，讓他們透過體驗來觀察、來學習、來表現、來學習自我成就。

所以我已經規畫好，接下來會有萬聖節活動，以往幼兒園

的小朋友都會有萬聖節扮裝的經驗，今年我會讓小朋友來嘗試扮裝，而我們會用環保的概念來做萬聖節的裝扮，讓他們有機會去開口說：「Trick or treat.」

　　我也想到在今年的寒假、農曆新年讓小朋友嘗試寫春聯，然後帶著小朋友一起閱讀，透過親子共讀，很多小朋友都有這樣的經驗，老師就是他們最好的幫手。我帶他們做親子共讀，補足他們過去所沒有的經驗，開拓他們現在的視野，成就他們未來的學習。

　　我不曉得有效教學是什麼，但是我在想，只要老師肯用心去思考，能夠讓每一位小朋友有學習的機會，讓每一個小朋友快樂的學習、喜歡學習，那應該就是所謂的有效教學吧！我的分享到這邊，謝謝！

Q 何謂教室觀察，你如何運用在課堂教學當中？

Ans：

　　謝謝評審的提問，我在去年帶領一個音樂班級的時候，學校剛好要進行教師專業發展評鑑的課室觀察，主任來拜託我進行一堂課，讓我們領域的老師都能夠來到我的課堂裡看我上課。

　　那一次的實際教學，我的夥伴來看我的課，進行實際的課室觀察。那天大家看了我的教學之後，他們告訴我說：「你滿有創意的喔！你可以讓學生從生活中喜歡流行的杯子歌，用來教頑固節奏，哇！這個想法很棒，你好有創意喔！」

　　他們告訴我，課堂上我沒有發現的自己教學上的亮點，這時候我教學生的想法，我發覺到學生喜歡，沒想到在別的老師眼中，甚至比我還有教學經驗的前輩眼中，他們認為這是我教學上的亮點，他們給了我很大的回饋，我也很受用。

　　除了看到我教學的亮點之外，他們還覺得我在班級經營方面比較不足，尤其是學生在課堂上的常規、規矩上面，例如他們在回答問題的時候不會舉手，他們會直接搶答發言，而造成課堂上的混亂。課後老師們也給了我建議，這讓我看到了課堂

上的盲點。

在我們的合作學習法裡面有提到卓越性、公共性以及主動性，像分組合作學習是我課堂上所採行的，我的夥伴們也給我很大的讚譽。因為透過分組合作學習，能夠讓課堂上的學生得到互助、鷹架學習的效果，老師一個人沒辦法教那麼多人，透過分組合作學習方式，可以補足老師課堂上沒有辦法幫助到每一個人的缺點。

透過這樣的教學觀察、課室觀察，我發現原來自己有些教學亮點是我不知道的，有些教學上的盲點是我沒有看到的。俗話說：「學然後知不足，教然後知困。」打開門來教，讓別人進來看，讓善意的眼睛看到我在教學上的不足。

透過課室觀察，幫助老師精進課堂上需要改進的部分，可以讓我們同儕之間楷模學習、交流、彼此成長，讓學生的學習更有效、我們的教學也更快樂，以上是我的回答，謝謝。

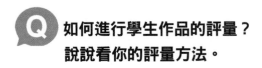

Q 如何進行學生作品的評量？
說說看你的評量方法。

Ans：

　　謝謝評審的提問，關於評量，我認為老師在教學的時候，必須教學跟評量同步進行。光有教學沒有評量，沒有辦法知道學生的成果展現、學習成果在哪裡，藉由評量我們可以了解，學生做出來的成果與這段期間他們的學習表現。

　　以美勞課來講，作品評量更為重要，跟一般科不太一樣，因為學科本身的不一樣，因此它所採行的評量方式也會不一樣。我先來講講我知道的評量方式，評量有分為紙筆測驗、口頭評量、動態評量，或是以時間多寡來看，有形成性評量或總結性評量，評量有很多種，讓學生展演或作品的呈現，這些也都是評量的方式。

　　在我的課堂裡面，評量是很重要的一環，因為美勞課不是只有老師說，然後學生記下重點，不是告訴他們如何畫出一幅好畫，叫學生做筆記就可以。

　　只有讓他們實際的體驗、學習，讓他們從生活、學習當中來了解繪畫之美，學習如何鑑賞別人的美勞作品，從鑑賞及實

作當中來進行學習，這樣的方式才是很棒的學習方式。

　　來說說看我的評量。我在學校裡常常在進行畫作分享及學期末的展演，所以我有分形成性與總結性評量，每一堂課從課本裡面教鑑賞、技法、勞作、畫作，每次做完我們都有課堂上的即時評量，我會在每一堂課結束時，發下簡單的學習單，來了解學生在這堂課所了解、學習了多少，還有他們的感受。

　　美勞課重要的是鑑賞，鑑賞關乎情意感受而不是認知，所以每堂課我讓他們寫下這堂課喜歡哪一個部分，讓他們藉由喜歡去了解，了解之後才會愛上學習，尤其在繪畫的時候。

　　每一堂課裡，我讓他們寫下重點記錄下來，這是我們每堂課的即時評量。第一堂課我跟學生講，我們每學期都會進行一場動態的展演與靜態的展覽，因為過去的美勞課，我們只有把作品呈現出來，像畫展、藝廊，都是屬於靜態的，而我想要來點動態的。

　　其實美勞課可以跟藝文結合，讓學生實際來走秀，把課堂上所做出來的成品，藉由自己穿在身上，自己成為最好的展覽者，讓他們有參與感、成就感，讓他們願意學習融入學習，所以我都會規畫這樣的方式。

　　舉例來說，我們上學期規畫五年級的箱子走秀，看似簡單

的瓦楞紙箱，透過課堂上的教學，每個瓦楞紙箱就變成機器人了，學期末讓每個人來走秀，學生把紙箱穿在身上，全校每一個人都來看了。

他們除了展現自己的畫作，也把自己的畫作做一個動態的展覽，那一次的展覽獲得好多同事的好評，很多的家長也給我很棒的回饋，最重要的是，很多學生都很喜歡那一次的評量。

我覺得評量的方式是展演、檢視老師教學成效與學生的學習情形，透過這樣的展演、這樣的評量方式，我看到美勞課學生是喜歡的，而且合乎我自己的想法。

美勞作品的美，就是心中有愛，美就是生活當中俯拾即是，讓學生喜歡，他們就會愛上學習，以上是我的回答，謝謝。

如何在班級經營中落實品德教育？

Ans：

「品德決定未來」，品德力就是未來的競爭力，在國小階段培養學生的好品德，可以幫助學生養成良好習慣，在未來的學習路上，展現與眾不同的氣質與正確的態度。

培養學生良好的品德，可以從班級經營切入，有好的班級經營，才會有好的課堂教學。

教學的本質即是道德，教師在班級經營中本著愛的信念，引出學生良善的一面，透過課堂教學及生活常規教育，可以讓學生在做中學習，並且在與同學互動中調整及自我修正，涵養道德情操，端正品格。要從班級經營中落實品德教育，可以從以下幾個方面來進行：

首先，師長可以以身作則，在平時教學就融入品德觀念，跟孩子說用真誠、心胸開放的態度去認識這個世界，用寬容尊重的心對待別人，學會對自己負責任，並成為認真思考的人。

開學時，老師可以先和孩子討論與制訂班級常規，讓孩子們了解到生活中的言行舉止和品德的關係。除此之外，老師可以利用聯絡簿寫下學生生活中需要加強的品德小語，當孩子覺

得挑戰成功，在具體作為上有良好表現時，就在聯絡簿裡寫出自己是如何做到的心情小語，與老師及同學分享。

本校致力於品德教育推動，推行禮貌運動，讓學生從禮貌做起，禮貌是好修養的表現，老師可以配合學校所推動的微笑好禮活動，要求學生要有禮貌，與同學相處，要常說：「請、謝謝、對不起。」一早來到教室，孩子們要跟老師和同學大聲問早道好。

在生活中學品德，最實際也最有成效，老師可以培養學生良好的生活習慣，包括訂定明確規範，像走廊不奔跑、準時交作業、上課守秩序、不遲到、學用品帶齊等，讓孩子建立良好的學習態度，為自己的行為負責，養成自我約束的能力。

善用聯絡簿分享品德好文也是可行的方法，老師可以搜尋品德教育相關文章或篩選新聞報導與學生分享，讓學生發表並寫下自己的心得與想法，或是配合學校所頒訂的品德核心價值，透過每週不同品格議題的分享，提供學生成功的學習楷模。更可以讓學生進行好品德承諾，承諾自己願意為成為擁有好品德的學生而努力，藉此提升學生的良好情操及正向積極的態度。

體驗服務做中學，可以讓學生印象更深刻，先教會學生一

些有效的助人及服務技巧，在學期中安排班級課外的活動到弱勢機構，像是老人安養院，或是進行社會服務學習，鼓勵學生積極參與，讓他們有機會親身體驗自己對別人或班級及學校有所貢獻，進而達到為自己負責，為他人服務的良好品德。

　　營造良善的環境，老師可以創造一個讓學生感受到彼此尊重與合作的環境，讓孩子在更多的正向語言下，學習更多的自律與成長。

　　品德不是課本中的知識，而是生活中的浸潤，在生活中學習彼此的優點，在生活中落實品德教育，透過班級經營的多元策略，可以有效的幫助學生在生活中涵養良好品德，更可以與同儕一起努力，讓班級的學習氛圍更好，讓班級更有向心力。

Q 初任教師如何做好班級經營？

Ans：

一、有好的班級經營才有順利的課堂教學

　　對初任教師來說，做好班級經營是非常重要的一件事情。初任教師通常都滿懷教育熱情，而且對教學現場充滿期待，如果在進行教學時，沒有先把班級經營做好，在教學時就會遇到很多的阻礙。

　　比方說，上課上到一半時小朋友調皮搗蛋，或是上到一半時說要上廁所，也有可能上到一半時，兩個小朋友產生口角而打起來，這些教室的狀況都有可能會影響課堂的教學。

　　所以我覺得如果可以在進行教學之前，先把班級經營做好，將有助於課堂的教學，有好的班級經營，才會有順利的課堂教學。

二、從心出發，做好班級經營

　　初任教師如何在課堂進行班級經營呢？我個人認為要進行班級經營之前，必須對這個班級有所認識。

　　如果我是接一年級的班級，我會先從新生的基本資料入

手，在我們帶班之前先跟家長聯繫。假如是帶三年級或是五年級，我會先從輔導記錄簿的基本內容來了解。對於我不熟悉或是有疑慮的，我會請教前任導師。如果我是接後母班，我會花更多的時間，與上一任導師一起討論如何從他的班級經營模式延續下來，進行我的課堂班級經營。

在我開始接一個班級的時候，我通常會有基本的習慣，跟小朋友見面之前，先做好一切的準備。跟小朋友相見歡的第一天，我會清楚明白說明教室裡的規則，讓小朋友知道老師的規定，也讓學生知道他要如何跟老師進行互動。

我想要讓學生知道老師的想法，我也想要知道學生的想法，所以我最常做的一件事情，就是發下一封信給學生，讓他們認識老師，也可以讓他們把想法寫出來，共同訂定班規，一起來遵守。

用這樣的方式要求學生，也用這樣的方式讓老師一起遵守，因為老師和學生都是班級的一分子，班級的規定不是只有老師，而是學生要一起來做。

再來，最重要的事情就是班親會，一個班級除了學生和老師之外，很重要的就是家長。透過班親會，讓家長可以延續課堂的規定，讓教學不是只有在學校裡，學生的學習是二十四小

時的，不要在學校是一套，在家裡又是另一套，這樣的方式沒有辦法幫助到學生。所以需要家長配合我一起進行教學，一個班級的經營不是只有老師，還有我們的學生和家長。

除此之外，任課老師的想法也是我能夠採納的部分，透過共同的教學討論，就像在備課之前，我們必須社群討論，而我班的授課老師，就是我班級經營的社群夥伴，我會把他們邀請過來，告訴他們我的想法，也向他們請教。

由於我的經驗比較不足，可不可以請他們給我一些建議，或是在科任課時有哪些要求，由我來配合他們，一起來達成一致性，不要在導師課是一種規定，到了科任課又全部放掉了。

用這樣的方式達成共識，與家長互動，讓學生知道不管何時何刻，都必須遵守我們這樣的規定和原則，一起來學習。

三、透過班刊促進親師溝通藉以做好班級經營

記得我在參與教師研習的時候，我到了一個班級，看了一位實習老師的班級經營，我看了非常感動。老師的訴求是「從心」出發，讓學生可以跟著他一起學習，而不是用強制力，也不是用高壓的方式，他關照到學生的需要，而讓學生願意跟著老師學習。

在教室看到了學生的主動性，也看到學生的互助合作，我心裡很納悶的去問那位老師，為什麼會這樣做？他說班級不是只有老師說了算，班級要能夠和諧，要共度兩年愉快的時光，就必須聽到小朋友的聲音，也要聽到家長的聲音，所以他固定跟家長和小朋友進行通訊，每週一次的班刊，是維繫彼此之間情誼的橋梁，也是彼此溝通的媒介，用這樣的方式來進行班級經營。

四、持續保持學習的熱情，並且虛心求教，讓班級經營可以做得更好

我想身為初任老師的我，雖然經驗沒有很多，但我願意跟著前輩老師學習。沒有最好的班級經營方式，但我願意越來越進步，每天進步一點點，參與研習、到網路上看班級經營的部落格，或是請教學校內的前輩老師，還有得以信賴的教務處主任、組長。我想，用這樣的方式，應該可以讓初任老師把班級經營做好。

Q 什麼是差異化教學策略？

Ans：

　　所謂的「差異化教學策略」，就是讓每一位學生都能學會。為的是要讓不同學習程度的學生，可以有不同的學習進度，藉此幫助學生學習。

　　老師在進行差異化教學時，可以採行差異化策略，先分析學生的學習狀況，然後分析教材，找到適合學生的教材，設計有趣且多元的教學內容，善用有效的教學策略，並且在課前進行妥善的備課，藉此幫助學生進行學習。

　　其中，分組合作學習是可行且容易進行的差異化教學策略，因應學生差異，進行同質性分組及異質化分組，讓學生可以互助合作共同學習。

　　透過有趣的教學活動設計，讓學生共同完成任務，可以檢視學生的真實上課情形，並且可以搭起同儕互助教學的鷹架。另外，同儕之間有共同的任務，也有因應個別差異的不同任務，有自學的部分，也有共學的部分。

　　雖然大班教學人數多，老師要採用差異化教學，勢必在備課時就得花很多的時間。但是若可以因此而幫助學生學會，

那麼老師多花點時間絕對超有價值。透過差異化教學策略的使用，提供更多學習機會給學生展現自己的不同能力，及小組共同完成任務的成果，確實是值得推廣的教學方式。

　　若是擔心備課時間不足，建議可以採用共同備課，與同校老師或是不同校的老師討論，一起設計教材，研發學習單，發展有趣的教學活動。如此一來，老師教學有所精進，學生也可以有效學習，師生互動，讓學習變得更有趣。

勝 勝忠老師小叮嚀

　　企管就是管理，提供給使用者最有效益的收穫，我透過管理學的背景，把班級裡面的所有事物作最有效的管理，我也把企管當中最重要的「SWOT 分析」，用以了解我們周遭所有的資源跟我們的限制。

　　在企管上我們需要客製化的進行服務，不是每一個人都齊頭式的給予相同服務，這樣是過去的管理方式，現在講求的是客製化的服務。你要知道每個顧客的需求，然後給予獨一無二的服務，根據他的需求給

予不同的服務，讓他們滿意。

在教學現場的每個學生，就好像是我們的顧客一樣，每個人的需求一定不一樣，這個需求是學習上面的需求，有些學習得快，有些學習得慢，有些人的學習方式是視覺型的，有些是屬於聽覺型的，我們在設計課程的時候，不可以用齊一式的平等，而是要根據每個人的需求設計差異化教學方式。

差異化的教學方式就是為了達到客製化的滿意度目標，讓每一個人都可以依照他的學習方式進行學習。所以在我的課堂裡面，我先觀察學生，知道他們的起點行為，知道他們的學習樣態，也知道他們的學習風格，根據每一個學生的需求，來設計差異化的課程。在我的課堂上，國語課、數學課不會只有一套教學內容，也不會只參照教師手冊來進行教學。

我會從日常課堂中看到學生的需要、看到學生學習的動機、他們對什麼有興趣、看到他們的學習樣態，來設計至少三套的課程內容。

一開始我只有改變我的評量方式，同樣的教學內容，依照小朋友的需求設計不同的評量內容，有的人

用紙筆測驗、有的人用口述、有的人用畫的方式，因
為他們的起點行為不同、先備知識不同，我用這樣的
方式才能夠照顧到每位學生。

差異化教學其實很簡單，就如同企管學上所學到
的客製化設計，讓每位學生的每個學習都有一套，讓
每位學生有所成就、可以有效學習，透過這樣的差異
化設計、差異化的評量設計，讓每位學生能夠針對自
己的學習有所成長，而達到有效教學。

Q 如何教學生閱讀思考與表達？

Ans：

　　震災過後，防災與校園安全必須再次的強調與提醒，讓學生可以確保自己在學校的安全，因此剛開學第一堂課，我就幫學生上一堂安全的課。校園安全、人身安全、食品安全、運動安全、交通安全、遊戲安全等等，只要是關於安全的範圍，都是我第一堂課上課的內容。

　　剛好三年級的健康課本裡，就編撰有關於安全的主題內容，若能藉由教科書的輔助，讓學生試著自己閱讀課本來增加安全的知識，除了讓自己更安全，也幫忙讓同學更安全。

　　於是，我打算利用三年級的教科書當作閱讀的素材，因為裡面有安全相關的內容與文字，學生可以透過主動學習，試著自己找答案，讓自己對於安全的基本概念與常識印象更深刻。

　　除了讓學生主動閱讀教科書之外，我以任務導向的方式，結合校園安全，讓學生學習思考與表達。

　　我的課堂怎麼進行呢？一上課待學生都坐好後，我讓學生閉上眼睛默數三十秒，這三十秒的時間內，我將震災所發生的傷害以及如何讓自己更安全，慢慢說給學生聽。

　　引導學生，生活中如何讓自己更安全，然後下達指令，讓學生開始進行靜默閱讀，閱讀後回答老師寫在黑板上的問題與思考方向的引導文字提示，讓學生可以透過主動的課本內容閱讀，或是自己過去的經驗，抑或是師長一直以來提醒時所說，擬出自己想要表達的內容。

　　我在黑板上寫了哪些文字呢？我期許學生人人都是安全小專家，所以開宗明義我寫下：「我是ＸＸＸ，我是安全小專家，我會注意自己的安全！」然後讓學生自己思考如何讓自己成為安全小專家，讓自己在生活中、在校園裡可以更安全。

　　至於答案的來源，則可以用自己過往的經驗或師長的教導內容來加以思索，更可以透過教科書的閱讀，從閱讀中整理自己的思緒，順著老師黑板上的提示，擬出自己可以採行的做法及遵循的方向。

　　於是我就在黑板上寫下：

首先

再來

另外，我也會

　　這三個引導的詞語，就是讓學生簡單的想想三個自己可以採行的方法，或是可以做到的方式，當然也可以將課本裡所寫

的制式內容摘要，選擇自己感興趣或是自己覺得真正重要的部分寫下來。

　　關於安全，教科書裡寫了許多內容，也提醒很多學生們該注意的地方，透過這樣的引導方式，學生會在眾多的內容中，篩選出自己容易忽略的部分，或是生活中師長一再叮嚀的部分加以回答，一來可以訓練學生思考與找答案的能力，二來又可以讓學生試著表達。

　　然後老師試著讓學生上臺，發表給同學們聽。這時候敢勇於舉手上臺發表的學生一定不多，但卻可以成為全班同學仿作的鷹架，立即回饋，老師可以藉此分析學生說得好的地方，也可以告訴學生如何讓自己回答得更好。

　　當學生閱讀完畢，也進行了獨立思考之後，老師發給每位學生構思書寫的小卡片，讓學生作為草稿的撰寫。筆寫與憑空思考是有落差的，所以接下來一定要讓學生練習書寫，透過書寫可以讓思緒更有方向，並且告訴學生寫好之後，要在自己的座位上練習說說看，演練再演練，等學生較為熟練後，再次邀請他們上臺發表。

　　記得當時我向學生說：「機會是不等人的！」希望學生可以主動爭取上臺發表的機會，讓自己的學習更積極，也讓老師

及同學可以給予肯定與建議。當我說了這句話後，真的有學生舉手想要上臺試一試。

我只開放三個名額，一直到最後一個機會時，有幾位學生同時舉手，於是我說：「機會是創造出來的。」讓每位舉手想要上臺的同學，都能有上臺的機會，也藉此讓學生了解主動積極在學習上的重要性。

當學生們自己寫了回答的內容，並聽了同學的分享之後，我請學生在書寫的卡片上再寫上：「安全很重要，我們大家一起來努力！」用以將整個回答的內容總括，讓回答的內容更完整，請學生完成卡片後交回。

最後，我說：「機會是公平的。」所以每一位學生都要逐一上臺，將自己所寫下的內容說給大家聽，學生必須要反覆在自己的座位上演練再演練，然後上臺開口說，說給大家聽。唯有獨立的學習、真實的學習，才能看到學生有沒有學會。

讓每一位學生上臺發表，其實就是教學的評量檢視，當學生能將自己所想寫下且完整的說出，就可以知道學生是否學會，所以我特別安排了讓學生上臺說話表達的機會。

另外，上臺說話是要訓練的，只有反覆練習才能看到精熟的表現。有了前面幾次的引導之後，這樣的上臺發表對著眾人

說話就是挑戰練習，用這樣的方式讓學生運用先備知識及過去的經驗，以課本內容為基礎，融會貫通後上臺發表。

這是我所設計的實作評量，既是形成性評量，也可以驗收學生現階段學習是否跟得上，更可以發現學生學習的美好部分。像在我的課堂上就發現好幾位三年級的學生臺風大方、言之有物、說話不疾不徐，真的很有大將之風。

當同學發表時，其他的學生必須要仔細聆聽，這時學生會聽到別人的想法，並藉以構思整合自己的想法，或是修正自己的答案。生活中安全可以注意的部分太多了，每個人關注的焦點不一，透過眾人的分享，就可以在有限時間內集思廣益，透過學生的分享與表達，讓彼此知道可以怎麼讓自己更安全。

這種方式比老師直接講述，要學生遵守，或是要學生不要違反相關規定等來得更有效益，因為是學生主動求知、主動學習，因此可以發現學生更會去思考。

這堂課只有短短的四十分鐘，我結合課本的閱讀、引導式的問答以及學生表達上臺分享，以任務導向的方式讓學生主動學習，希望學生可以在仿寫、仿說的過程中，試著創造出自己的答案及自己表達的內容。

課堂中，我試著讓學生聽、看、想、說、做，循序漸進的

引導，最後每位學生都可以完成自己的書寫卡片，也讓老師我可以藉由學生的書寫卡片，透過批改給予指導與建議。

　　學生所寫的內容經由老師批閱後，除了可以作為上臺發表的草稿之外，更可以做為一篇文章撰寫的題綱，藉此加以擴寫，即可以成為一篇有結構、有內容的完整文章。

　　從閱讀到思考，再由思考到表達，有了口語表達完整練習，就可以透過文字的書寫，再次整理自己的想法，寫成文章，完成一篇作文。當然，這篇文章的主題就可以是：「我是安全小專家」。

　　寫文章的方式很多種，在此我先不討論各種文體的作文書寫方式，我只是分享如何從課文到作文，如何在課堂裡教學生閱讀思考與表達，當學生學會思考，就可以有較為縝密的回答，反覆練習即可書寫成文，從低階的「我手寫我口」，進而胸有成竹寫出精練的文章。

　　我曾看到報導，大學學測作文有上千人零分，讓我百思不解。作文能力來自於思考與表達，何妨在練習寫作文之前，先讓學生練習表達，在表達之前先練習思考。透過大量閱讀，讓自己的視野更開闊、思緒更寬廣，先有想法，就可以有做法。我想，如果學生這樣學習，作文應該不至於考零分吧！

多元智慧理論如何融入在教學之中？

Ans：

　　謝謝口試委員的提問。現在的社會變得非常多元，我們對智力的看法也由一開始只注重學生的智力，到後來的心理年齡，到現在的多元智慧理論。

　　多元智慧理論不再只有傳統智力的內容，還多了例如音樂、肢體、自省等智慧，我們希望除了注重孩子的學業成績外，也希望孩子有不同的發展表現。每位孩子都有比較優勢的智能，所以當我在上課時，我會藉由異質分組，讓不同能力的孩子成為一組，藉由孩子彼此不同的能力，彼此幫助和學習。

　　上四年級數學課「體積」這個單元時，其中一個教學目標是要學會如何看圖算出有幾個積木。進行這個單元時，我發下 1 立方公分的積木，讓孩子們先疊出和圖形相同的積木，這時候小組的任務，是必須找出如何算出積木數量的方法。

　　這時候語文表達能力比較好的人可以記錄，畫圖比較拿手的人可以用圖示法，空間概念比較好的人可以找出不同的組合方式，口語表達能力比較好的人負責上臺向全班同學說明。

　　因為是小組一起合作，所以在解題的同時，他們必須要互

相聆聽同組夥伴的看法，了解解題的方法、甚至是找出不足的地方做修正。每一位小朋友可以發揮自己的優點，同時也可以從其他夥伴的優勢智能中學習。

另外，我也會採用多元評量的方式，透過發表、學習單、作品等不同的任務，讓孩子藉由每次不同的任務去學習。除了讓孩子運用自己的優勢智能外，也可以藉由不同的挑戰學習，挖掘自己的興趣或是找到自己喜愛的事物。

我發現用這些方法，小朋友上課時的學習變得主動了，因為他們要想辦法解決問題，而且藉由小組合作，除了可以增加同儕間的感情，更藉由同儕的互助，讓學習比較落後的孩子能夠有同學帶領學習。

透過同學的說明，孩子能夠有所進步，而幫助同學的孩子也可以從中獲得成就感，孩子們對於作業也有很好的發揮，我也在作業中看到孩子的想像力和成長。

所以，我認為多元智慧就是要讓孩子發揮他們的能力，展現自己最棒的一面，我會在教學中採用分組合作的教學方法、多元評量的方式，給予孩子不同的學習機會和挑戰，讓孩子在生活中能夠應用不同的能力，也希望孩子能夠不斷的探索挑戰，發展出自己的潛力。以上就是我的回答，謝謝。

Q 在偏鄉不容易推動閱讀，你會如何推動？

Ans：

其實不管偏鄉或是城市，閱讀不足是現在普遍的趨勢，我們大家都以為學生家裡都有很多圖書，很多小朋友都會善用圖書館的資源。但是經過我在教學現場的觀察，我在市區代過課，也在偏鄉擔任過代理老師，都有一些小朋友缺乏閱讀的習慣，不會善用閱讀的資源，造成他們在閱讀上面學不到方法。

不會善用這些資源，不見得跟偏遠程度有關，而是小朋友沒有習慣善用這些閱讀資源。

不管在偏鄉或是在市區，都可以找到資源幫助學生學習，如果在我們課堂裡要推動閱讀，老師可以教小朋友閱讀的方法，讓他從喜歡到學會閱讀，再到獲得閱讀的成就，最後可以獨立的尋找資源來進行閱讀，這樣帶給孩子一輩子的習慣和閱讀理解的能力，他們就會想要主動的尋找圖書的資源了。

老師在課堂上一開始可以提供一些有趣的繪本，讓學生喜歡繪本，進而想要找同類型的繪本來進行閱讀。老師可以使用多元的方式推廣閱讀，比方說故事、繪本仿作、使用網路上的動畫繪本、電子繪本，讓孩子有多一點的素材，從刺激他們的

感官，眼睛看的、耳朵聽的，到他們可以動手操作、閱讀有趣的動畫繪本，甚至把動畫繪本結合到遊戲，讓小朋友來操作，讓他們從喜歡到養成習慣到主動去閱讀。

我曾經在偏鄉教學，很多人認為偏鄉資源很少，我就在網路上幫班級募集了一批圖書，雖然是別人不要的，但是我把它整理好之後擺放在圖書角，每一本書都滿有趣的，只是我們沒有用心去發掘。

我把幾本書拿來做班級圖書的排行，讓他們自己閱讀，讓他們告訴我閱讀心得，就可以把這些書帶回家。除了帶回家之外，我再買一本書送給他，也就是說，這位小朋友會有兩本書的收穫。

第一、他認真讀了這本書跟全班分享，第二、他想要買一本書，他能夠去網路上看到這本書，我把這本書送給他，用這樣的方式讓小朋友來參與閱讀，讓他們有動機閱讀，獲得閱讀的成就感。

雖然我們的班級人數很少，只有五個人，但是一學期下來，已經讀了五、六本書，然後每個人又獲得五、六本新書在家裡閱讀。

我看到他們喜歡那本書愛不釋手，這一本書可能是他們一

輩子當中最喜歡的一本書，我沒有辦法幫助他們，保證他們以後可以閱讀得非常好，但是至少在我的角色當中，我用這樣的方式來推動閱讀。我又建議校長可以開闢一個讀書區，我們來做書箱，校長聽了我的建議。

　　我們也在夜間課照班推動閱讀，從讀經、從社區資源帶著小朋友閱讀，不是一個小朋友閱讀，我要讓他們親子共讀，透過閱讀讓小朋友看一些經典，看一些繪本，讓媽媽一起來。

　　有一些外籍媽媽也在學習國語，透過繪本和親子共讀，我幫助了小朋友也幫助了他們的媽媽，讓他們一起學習，這是我在現場看到的。

　　校長認為這樣還不錯，我也不知道有沒有效，但至少我看到學生晚上的時候有事情做，大家一起來讀書，他們白天的學習可以延續到晚上，這就跟我自己的理念一致，所以這是我認同的。

你認為教師專業發展評鑑及教師專業支持系統,兩者有什麼差異?

Ans:

　　教師專業發展評鑑,是要評鑑一個老師是否具有教學專業,具有教學專業是要讓學生有效的學習,讓老師的教學有所成效,所以我們進行教師專業發展評鑑。

　　教師專業支持系統,也是幫助老師進行教師專業的精進,讓他的教學能夠提升,幫助老師能夠進行有效教學,不管是教師專業發展評鑑或是教學支持系統,都是在幫助老師的教學,當然也是在幫助學生的學習,所以對我來講這兩者都一樣,只要老師想要有效教學,想要精進教學,就可以幫助學生。

　　要不要參加評鑑是其次,重點是他能夠主動找到資源,只要你有心,就沒有事情是困難的,沒有什麼是能夠阻礙你的,所以我們想要幫助學生最簡單的方式,就是在學校找到支持系統、找幾個學年的夥伴、找同一個社群的同事在一起,彼此就是支持系統了。

　　如果學校裡面沒有主題的專業人,沒有多元教師專長的老師,我們可以參加研習,研習裡面的講師和夥伴,就是我們的

支持系統。如果都找不到可以精進的主題和相關的資源，我們可以去網路上找，網路上有很多的「備課趴」，有很多老師的自主性研習，這個都是我們的支持系統。

所以老師只要有心精進教學，幫助學生學習，他一定可以找到很多的資源。相反來講，給很多的資源、辦再多的研習、做再多的評鑑，如果老師沒有心想要精進教學，沒有心幫助學生有效的學習，做再多都是徒勞無功。

身為老師的我們，必須能夠看到學生的需求，精進自己的教學，用有效率的方式進行教學增能和教學精進。而其中我們可行的方式，就是找到他們的支持系統。

最簡單的方式，就是在學校組織社群，到網路上找到教學共備夥伴，以這些資源來參加共備，最終就是在進行老師精進的教學，如此學生的學習就有效了，以上是我的回答。

現在的學生不好教，若有不服從你的學生，你會怎麼處理？

Ans1：

　　謝謝評審的提問。學生不服從我，一定有背後的原因，我會先看他做這些事的背後原因，是不是要引起老師的注意？還是因為他有些需求，我沒有照顧到？還是真的有同學欺負他，然後讓他覺得有委屈不敢表現出來？

　　首先，我會先放入括弧存而不論，下課的時候問他發生了什麼事情，再去處理。第二，有可能在我課堂上沒有辦法照顧到，沒有辦法問他所有的情形，那麼在課堂的時候我會多關注他一下，例如給他一點幫助，給予楷模學習或是搭鷹架，陪伴他學習，這是我在課堂上所做的處理。

Ans2：

　　謝謝評審的提問，針對不服從的學生，首先我不會幫他貼標籤，我會先了解他行為背後的原因。

　　如果他是舊生，我會從他的輔導記錄裡面查看過去所作所為，是不是跟現在的行為有所關聯。如果他在新任的班級，我會先從他的課堂活動或是下課之後的行為去觀察一切，並做詳細的記錄，記錄完之後再針對他的行為去分析。

　　如果他是為了要引起注意，這時候就可能採取行為心理學的削弱法，透過他好的表現，給予立即的回饋與增強，幫助他對學習更有自信，我想在無形之中就可以避免掉課堂上的突發狀況。

　　而在其他方面，我想可以透過多元評量的方式，雖然他有不擅長的領域，但是可以透過他擅長部分的成就感，遷移到這堂課的學習。

　　有學者說過：「教師即陌生人。」來到教室的時候，我們要用最陌生的態度來面對學生，用他們的角度來看待他們，了解到孩子的真實面貌，用我們的心認真去體會。

勝 勝忠老師小叮嚀

不良的行為背後有三個原因：

第一個原因是為了要引起老師的注意，第二個是為了要報復，第三個原因是能夠獲得同儕的認同。

所以我們在課堂上要解決，必須有多元的關照，再施予多元的策略以及有效的教學，提供他們在課堂上學習的輔助，千萬不要馬上幫學生貼上標籤。

用這樣的方式和原則來處理學生的事情，大概就有了基本的處理方式。

Q 如果班上有情緒障礙的學生，但是導師沒有跟你說，這位學生在你的課堂上搞蛋，你會怎麼處理？

Ans：

謝謝評審的提問。我是科任老師的角色，我會先從接任的班級來了解整個班級的學生，但我並不會因為班級的資料，而對這個學生貼上標籤，我會從跟他們的活動相處中，嘗試記錄下他們的所作所為，去觀察他們行為背後可能發生的原因。

透過此方式長期關照下來，我相信這會讓我知道發生這些事情的徵兆，針對這些徵兆，我可以做更好的處理。除了預防的處理之外，我還可以向前任導師請教以前的老師和家長的處理方式，得到建議之後，我再去做課堂上的調整。

最後，如果真的還有比較嚴重的事發生的話，我會尋求行政上的支援，之後再與導師作聯繫溝通。

下課之餘，我會針對這位學生的狀況去涉獵相關書籍，例如過動症，針對他的症狀去做分析，我相信書中學者的理論，可以提供我在課堂上作基本的處理。

如何提升學生學習專注力？

Ans：

關於小朋友的專注力，是老師都應該花時間、工夫去研究的課題，因為專注力跟小朋友的學習成效是有相關的。

我們知道現在很流行的 TED 演講，為什麼會設定在 18 分鐘？那跟大人的專注時間有關係，每一個大人的專注力大概是 15 到 20 分鐘左右，取其中間值就是 18 分鐘，所以 TED 的 18 分鐘演講，是有時間上的專注力涵義。

放在小學生身上，我們當然不能等同於大人，專注力有 18 分鐘，小朋友大概有 5 到 10 分鐘是他最專注的時候。老師如果知道這一點，在 40 分鐘的課堂裡，用 5 到 10 分鐘講解課程內容，把最重要的部分讓學生專心去讀懂、聽懂，這個部分就可以得到最好的學習效果。其他 30 分鐘可以讓小朋友去精熟課程內容，老師同時進行檢核與評量，看看孩子是否理解老師在剛剛 10 分鐘內所講解的內容。

所以老師在做課堂教學設計時，可以加入一些教學活動，讓小朋友動手做，立即檢核自己的學習內容，站起來動一動並完成任務，運用多元的教學活動，讓孩子不專注時有事情可以

做，去操作、體驗學習，甚至可以讓孩子起來動一動，小朋友喜歡這樣的學習方式。

當小朋友不專注的時候，老師硬要他坐下來去聽、去背、聽老師說，這時候自然會得到反效果，老師一定會說：「為什麼小朋友都不受控制？」而不知道小朋友已經沒有專注力坐在那裡了！如果老師可以適時讓小朋友站起來動一動再坐下來，這時候又可以重啟另一個五分鐘的專注時間，這就是使用小朋友專注時間的方式。

老師要掌握學生的學習心理，也要有多元教學活動設計的能力，在備課時全盤考量，把所有的可能都想進來。設計多元的學習方式，讓孩子用多元方式學習，就可以讓他們做最有效的學習。

我曾經有兩年擔任閩南語、英語、體育課教學活動老師的經驗，我就用這樣的方式來進行教學活動設計，前五分鐘讓小朋友複習上次所學的內容，還有講述這次課程教學的大意，讓孩子靜下心來仔細聆聽，然後把老師的重點記下來，再用多元教學活動，讓他們精熟主要的教學概念，並用互助合作的兩兩小組或是大團體的活動，讓小朋友進行遊戲與活動。

但是遊戲跟活動的背後，是帶有教學目標檢核的評量活

動，用這樣的活動，小朋友看似在做遊戲，可是老師的心裡是在評量、檢核學生有沒有學會。

　　有效的教學要考慮到學生的學習心理，還有用多元的學習活動，「教學即評量」的方式在評量當中檢視老師的教學目標。在教學過程當中，用多元的學習活動讓小朋友一直保有學習動機，還有獲得立即的成就，如此一來，學習才會有效。

　　這個是我曾經在教學現場做過的教學努力，我相信老師有效的課堂準備，能讓學生有趣的學習，而且學習一定會有效、長久。

Q 分享一下有效教學該怎麼做？

Ans：

　　謝謝口試委員的提問，我來分享一下自己關於有效教學方面我所知道的和我的教學經驗。有效的教學我們必須考量到教師的教學和學生的學習兩個方向，我們在教學當中不能夠只有教完，而是要想辦法把學生教會。

　　把一個課堂教完很簡單，時間過了就教完了，但是要把學生教會，需要花很多時間。所以老師在進行教學，一定要做好通盤的準備，設想好課堂當中所有可能會發生的一切，包括學生的反應、學生的臨時狀況、學生可能提出來的問題，更包括學生可能需要的輔助教材，以及延伸課外的一些輔助閱讀資料或是學習單等等，這些必須要通盤考量起來。

　　有效教學就是要做到在教學之餘，能夠做到評量的檢核，不是等到教完了，等到段考的時候，再來知道學生到底有沒有學會？教完到段考的時候，可能過了一個多月的時間，這時候學生如果不會，只好等待失敗的挫折以及不好看的成績。

　　但是如果有辦法在每一堂課上都能夠做立即檢核，知道學生不會的部分，老師立即在下一堂課進行修正再複習，或是給

予這個學生協助，幫這位學生進行補教教學，這樣有辦法幫學生立即的評量，立即的改善學習，讓老師的教學立即調整。所以教學即評量，我們在教學時，也要進行立即的評量。

除了這樣作之外，我們在課堂前，老師要進行一堂有效教學，必須要做好全盤的準備。比方我們一直用一種教學方式，如果用講述的方式沒有辦法把學生教會，那我們可不可以改變一下，有時候老師一個人要教三十個人，可能沒有辦法讓每一個人都學會，那我們就來改變一下教學方式，用分組合作學習的方式，用同儕來互動，用同儕來教學，讓小組當中充分討論，小組當中互相教學，最後再得出我們這一堂的教學活動，然後讓他們產出，從操作中完成老師的任務，以及老師交代的一些問題回答。

用改變教學的方式，或許可以看到原本不會的小朋友有機會學會了，另外，我可能加一點操作性的教具，幫學生搭鷹架，讓他們有機會可以改變學習的方式，由被動化為主動。

像我在課堂上曾經用桌遊融入到我的數學課和國語課，讓學生主動為了解題，為了完成任務，為了在遊戲當中獲勝，他們主動去翻查課本，去查看原理、原則，去看這一題為什麼是這樣答的。

　　用這樣的方式讓他們主動學習而參與到這個活動，而遊戲是個鷹架，也是一個輔具，桌遊融入到數學，桌遊融入到國語，是要幫助他們搭鷹架，讓他們透過不一樣的方式學習。

　　老師可以從過程中了解他的參與度，看他的解題方式，給予小朋友額外的輔助。當小朋友有任務的時候，老師可以走訪各組去給予一些協助。

　　除此之外，其實還有很多不一樣的方式，教學不一定要在教室裡面，有效的教學也可以把學生帶到社區、帶到校園當中，帶到戶外，讓他們去做真實的學習，因為任何在學校所學的，一定要能應用在生活當中，讓他們在生活當中應用的一切回到學習上面。

　　舉凡加法、打九折、打八折、特價，學校隔壁如果有便利商店、福利中心、超級市場，不妨拿幾張DM回來，讓學生來操作，讓他們想一想，到底是打九折比較便宜，還是買二送一比較便宜？

　　這一種類型的，帶他們去做真實的學習，帶他們到戶外教學，改變教學方式，這樣的方式學生有沒有辦法在他的情意面向，或是互助方面、同儕學習的部分更投入。用這樣的方式來檢視所有老師設定的目標，只要有辦法達到老師設定的目標，

而讓學生從被動化為主動，那就是我認為的有效教學。

　　有效教學必須要來自平時老師充分的準備，與學生充分的互動，幫學生準備多一點的輔助材料，讓他們可以從小組的合作到個人單一的學習，當然一定會遇到挫折，那挫折就是讓我們修正的最好方法，不斷的修正、具體操作、反覆練習，讓學生對於學習由被動化為主動，這就是我所認為的有效教學。

　　要做到有效教學，只要老師能把握到課堂前充分準備，課堂中讓學生參與討論及發表，引導讓每一位學生都能主動學習，在課堂後能夠檢視他們的學習成效，再一次的複習舊經驗，讓學生不會的部分，成為下一次上課的開頭，一直到每一個學生都有機會學會，我們找到那個機會就能達到有效教學。

　　只要老師有心，我想一定能夠把學生教會，只要能把學生教會，那就是我認為的有效教學。以上是我的回答，謝謝。

Q 口試遇到不懂的專業名詞怎麼辦？

【例一】什麼是教學支持系統？

Ans：

教師專業發展評鑑我有聽過，但是教學支持系統是比較新的專有名詞，我比較沒有涉獵，但是我嘗試用我過去的教學經驗和教學現場的理解來回答。

我覺得教學支持系統的支持是非常重要的，就是老師在教學時，古人說：「獨學而無友，則孤陋寡聞。」學習的時候需要有夥伴，教學的時候更需要夥伴，一個人總不能用過去 10 年所學的內容知識，來教現在的學生去應付未來 20 年的社會環境，所以老師的教學必須與時俱進。

一個人找不到方法時，兩個人可以討論、可以找到解決的策略，這個就是我所認為的支持系統。所以我的教學支持系統可以來自同儕，來自於我的同學，來自於網路上的網友，我們共同討論一個教學專業的主題。

像我之前不久在想桌遊要怎麼融入教學，我在網路上發問，結果好多好友都很有心，給我很多相關的網站。我爬文之後想，原來這麼簡單，我就在課堂上教學，學生還滿喜歡的。

　　這樣的教學我覺得滿認同的，透過同學及網友的支持，讓我的教學更有信心、更多采多姿，讓我學生的學習更有效率，這就是我的支持系統。

【例二】關於實驗教育，你了解多少？

Ans：

　　實驗教育是一個很新的專有名詞，我過去沒有聽過，我想這應該是目前最新的趨勢。因為我沒有聽過，我沒有把握把它講得很完整，但我願意試著從我過去的教學經驗及教學現場的理解來回答這一題。

　　實驗帶有讓我們現況變得更好的意味，所以實驗可能是在嘗試目前做不到的，讓它可以更好的方式，或是在目前的困難中找到解決的方法。我們現在看到很多偏鄉小校人變少了，面臨到廢校了，但是這樣當地人的情感一定會產生反彈，讓這邊的學生跑到更遠的地方學習，不是一個長久之計。

　　現在有一種讓偏鄉小校變成實驗教育的示範學校或是參考學校的方法，現在通過法令了，目前他們正在進行課程上、學制上、混齡的實驗。用這樣的方式，也許可以讓現在的困境

找到解套的方式，讓學生可以用不一樣的方式繼續前進，讓目前面臨的廢校問題得到解決、解套。

我認為在課堂裡也可以用實驗教育的方式，讓一成不變的教學來做一點改變，讓原本就已經很上軌道的方式再找到新的策略，就像我們現在做的戶外教育，也是帶有實驗性質的一種方式。在教室裡面的學習固然可喜，但是如果可以把學生帶到戶外去做學習，這樣的學習更能夠符合學生的經驗，這個就是實驗教育，以上是我的回答。

【例三】什麼是學習共同體？

Ans：

這可能是一個新的名詞，我並不完全了解什麼是學習共同體，但我願意嘗試就我的理解來回答。共同，就是學習要有夥伴，過去一個人學習，不會就是不會了，如果找到夥伴，他們互為鷹架，可以透過更多元的學習方式互相學習、互相幫助而有效學習，讓他們可以在學習上獲得成就感，不會在教室學習當中逃走。

學習共同體是佐藤學提出來的，他是為了解決日本學生在

學習當中逃走的問題，為了把學生從沒有學習動機中拉回來，提高他的學習動機，而使用的新教學方法。

　　教學方法非常多種，這是其中一種教學方法，像分組合作學習、課堂裡面的同儕教練，有效的學習方式、有效的教學方法，都是教學時可以採用的教學方法，所以老師必須涉獵多種教學方法，才有辦法用多元的方式來幫助學生學習。

【例四】請你簡述教師專業圖像。

Ans：

　　我所認為的教師專業圖像，就是老師要為人經師，要有專業的知識來輔導學生學習。在教學現場，除了學術以外，更需要愛心，這是為人人師最重要的，為人人師就是幫助孩子，遇到問題的時候給予孩子方向，引導孩子解決問題，更重要的是，適時引進社會資源幫助孩子學習，所以人師、經師再加上社會資源提供，就是優良的教師專業圖像。

勝 **勝忠老師小叮嚀**

　　我所認識的教師專業圖像，可以從專業和敬業這兩方面進行分享論述。

　　為什麼教師專業的圖像要有專業？因為一個老師必須具有教學專業、輔導的專業還有敬業的精神，除了會教學之外，還要成為學生的朋友，可以關注他們的生活、陪伴他們，當遇到困難的時候可以傾聽，這就是敬業的。從這兩方面來講，整合在一起就是我所認為的教師專業圖像。

PRACTICE02
勝忠老師教甄口試題目精選 66 題

一、課程設計與教學（課程設計、教學活動、學習活動、學生評量、補救教學、特教課程）

1. 如何在班上教閱讀及作文？

2. 何謂資訊科技教學？有無實際教學經驗？

3. 十二年國教政策對國小的影響，您會如何調整教學策略？

4. 你如何將理論與教學做結合？請舉例。

5. 面臨十二年國教上路，針對適性輔導的概念，你如何應用並進行輔導活動相關課程？

6. 學校請你帶領學生參加競賽或表演，你的教學領導策略為何？

7. 如何在班上執行有效的補救教學？

8. 五十週年校慶，校長請你設計藝文活動，你會如何安排？

9. 如何引起學生學習動機？

10. 小學生應該要寫家庭作業嗎？出作業時有什麼要注意的地方嗎？

11. 如何用小組合作方式提高教學效率？

12. 身為特教老師，你有哪些成功與失敗的經驗？

13. 小班教學是趨勢，對班上學習成就較差之學生該如何進行補救教學？

二、班級經營與輔導（班級經營、學生輔導、學生特質、親師溝通）

14. 你認為現在的小學生有怎樣的特質？你要如何培養他們的挫折容忍力？

15. 如何營造親、師、生三贏？

16. 班上有情緒障礙的學生，你會如何處理？

17. 如何做好親師溝通？若有親師溝通衝突該如何處理？

18. 如何處理學生偷竊問題？

19. 聯絡簿的功用為何？你如何善用聯絡簿？

20. 當有家長質疑你的教學專業，身為教師的你該怎麼辦？

21. 班上有疑似被性侵的孩子要如何處理？

22. 如果學生受傷，你的處理程序？

23. 初任教師如何做好班級經營？

24. 當一個導師，您會如何帶領班級，您重視什麼？

25. 如果學生經常不交作業，如何處理？

26. 如果你是五年級的導師，班上出現霸凌問題，你會如何處理？

27. 班上有學習障礙及行為偏差的學生，你會如何教導？

28. 校園霸凌是學校中嚴重的問題，你如何處理校園霸凌，如何輔導霸凌者與被霸凌者？

29. 學校某生從樓上摔跤，被誤傳自殺，怎麼跟導師合作班級輔導並宣導校園安全？

30. 如何運用「比馬龍效應」在班級經營和教學上？

31. 你知道現在學童喜歡哪些動畫或遊戲嗎？你要如何應用在班級經營上？

32. 如果學生在上課中挑釁你的話，你會如何處理？

33. 如何實踐正向管教？

34. 你覺得輔導老師最大的困境是什麼？你會如何解決？

35. 科任老師抱怨學生上他課時秩序不佳，你會如何處理？

36. 學生單親，爸爸負責照顧學生，但學生常常沒有來學校上學，如果你是導師你會怎麼做？

37. 現在學生的禮貌低落，你如何落實於生活教育？

38. 在校園中如何安排晨光時間？

39. 用過哪些「讚美」在班級上，如何實施及成效如何？

40. 你對三級輔導的看法。

41. 對網路、電視成癮的看法。

42. 針對人際關係差的學生，如何進行團體輔導？

43. 發現學生身上有體罰傷痕，第一時間會如何處理？

（三）研究發展與進修（進修成長、資源整合、教學精進）

44. 你對教師學習社群的看法。

45. 你對在職進修的看法？你認為在職進修應該在什麼時間點進修？你會進修哪個方面？

46. 你的專長是什麼？運用專長你想帶學生參加什麼比賽？

47. 什麼是教師專業學習社群？如何應用在班級經營上？

48. 如何將專長所學應用於教學工作？

（四）敬業精神及態度（教育本質、教師特質、教學信念、教育行政、教育看法、自我看法）

49. 你認為身為一位老師，應該要有哪些專業與素養？

50. 你的專長是什麼？如何應用在班級經營上？

51. 如果學校要你接行政工作，你會怎麼做？

52. 學校的資深老師猶如地下校長及主任，他想拉攏你，如果你是新進教師，會如何處理？

53. 你最近讀的一本書是什麼，給你什麼啟發？

54. 你對翻轉教育有什麼看法，該如何實施？

55. 你認為當前教育最嚴重的問題是什麼？

56. 你對學習共同體的看法？如何實施？

57. 一個理想的國小老師該有什麼特質？

58. 學校要辦一個全校性的寫生活動，請問你會怎麼配合？

59. 如果學校邀請你擔任行政工作，你最想要擔任哪一項職務？為什麼？

60. 有人批評學校的生活教育失敗，你的看法和做法為何？

61. 你為何會選擇教師這個行業？你覺得教師應該具備什麼特質？

62. 你認為教師的工作是專業？還是服務業？

63. 對於教師會的看法？願意加入教師會嗎？為什麼？

64. 學校如何維護校園安全，你的想法？

65. 從事教職工作的原因？未來成為正式老師後想怎麼做？您的教育理念是什麼？

66. 請分享你的求職與求學過程及經驗。

PRACTICE03
自我介紹的技巧

・ 呈現亮點的自我介紹

　　自我介紹是教甄口試當中很重要的一部分，如果沒有履歷表、沒有三折頁，那麼自我介紹的內容，在短時間內則會扮演讓評審或是口試委員快速認識你的媒介跟橋梁。

　　透過審慎的自我省思，找出自己的亮點實屬必要，仔細整理自己的教學歷程，歸納自己的教學方法及班級經營的策略歷程，並且將自己的教育理念去蕪存菁，精簡的寫下來，這將有助於你在教甄口試上，迅速的讓對方對你有深刻的印象。如果可以更進一步的安排自我介紹的內容及結構，更可以巧妙的呈現亮點，為自己的表現加分。

　　自我介紹時，要讓聽者可以感受到你是個有亮點、有溫度、有教育愛的老師。大家在自我介紹時，很容易說畢業於哪裡、取得什麼學歷、得過什麼獎、在哪裡服務，然而大家都忽略一個重點，就是教育理念信念是什麼。

「教育需要熱情，學生需要愛。我是一位懂得付出、具有專業及教育愛的老師，我是王勝忠老師。」我用這樣的方式帶出開頭，講出我是怎樣的老師，講出我有怎樣的特質，用特質來開場，點出特質和理念是什麼。

在這樣的信念之下，我在教育現場投入了多少，努力了多少，做了哪些事情，藉此讓人知道我的想法是怎樣的，檢視我是否如理念一樣，讓聽者能知道我們這麼有經驗、教育愛、熱情、對於學生、對於教學、對於教育的投入。

首先，要知道自我介紹是幾分鐘，一分鐘、三分鐘、五分鐘？如果是一分鐘就無法長篇大論，講出你得過哪些獎、參加哪些競賽，帶領學生得到哪些佳績，你投入教育現場有多少。

如果只有一分鐘，我建議大家先把個人的教育理念信念拿出來講，之後再根據理念和信念，陳述在教育現場時經常在做的、每天所關注的學生的學習和老師的教學、親師的溝通、行政上的參與、在教學現場的所做所為，結尾時再次講出你是一位具有教育愛、教育熱情、有經驗的老師。

大家不妨建立一套自己的自我介紹方法，像是：

教育需要熱情，學生需要愛，我是一位具有熱情且具有專業的老師，我是王勝忠老師。在教育現場我體認到老師是一種

很棒的工作，在擔任老師的過程當中，我享受跟學生互動及享受教會學生的喜悅，並且在助人當中，獲得許多的成就感。

教育是一項志業，教育也是我一輩子想從事的事業，以前我的老師給我很大的影響，現在我成為老師了，我也想要像我的老師一樣去影響我的學生，讓他們可以在學習路上獲得成就，我不但是他們的貴人，我也希望成為他們一路上學習的陪伴者，我是王勝忠老師。

這樣一分鐘之內就可以完成，請問我有說到我得到哪些獎？我從哪裡畢業？沒有。

再來，如果你是要考專業科目，例如資訊、美勞、音樂……，當你講完理念和信念之後，這時候最好講一些和你專業有相關的主題去連結。

比方說你學習的過程，以往你是怎麼學習的，在學習的路上有沒有人給你一些啟發，在這些訓練過程當中，你有什麼感受，現在成為老師了，你都可以把它拿出來講，讓對方知道你成為老師是想要做傳承的工作，從被別人影響到幫助別人，從被老師幫助轉而想幫助學生。老師跟學生的關係就是這樣，過去我們是學生，現在是老師，如何在師生之間把教學和學習

二者做到最好。

　　除此之外，我們講信念的部分，有一段範例很棒：

　　我是一位老師，我是一位樂於學習、樂於教學的老師，我想要知道我的這雙手能夠創造多少生命的璀璨，不要求孩子成為世人眼中的強者，只希望能指引他們成為自己生命當中的戰士，為自己而活，為自己的學習而負責。

　　我，是這樣的老師，我希望我的學生也成為像我一樣的人，熱愛學習，為自己負責，所以在我的教學生涯當中，我特別注意到學生要能夠為自己負責，行有餘力可以為他人服務，為自己負責，為他人服務，是我在教學現場中所奉行的準則。

　　所以不管是班級經營、課堂教學、習作的訂正或是月考的評量，我沒有要求他們要做到百分之百，一定要得到第一名，可是我希望他們可以把自己的學習、自己的努力做到極致，能夠為自己的學習負責，然後可以幫助別人，在教室內大家可以互相幫忙，藉由共好能夠讓自己更好。

　　用這樣的方式，你講到這裡的時候，就可以帶到平常做了哪些事情，這些事情就是你的教育理念底下產生出來的。再來可以講一點具體的或是舉一個真實的案例、真實的故事，比方說你曾經帶領學生做了哪些事情。

　　剛才說的為自己負責、為他人服務，所以就可以接著講在校園生活當中，每日的生活教育，是我最注重、最看重的，我沒有要求學生一定要考到第一名，可是我要求學生一定要成為生活當中的巨人，他可以為自己的生活負責，他可以打理自己的生活，他可以把自己每天的事情做到最好。所以我每天帶著學生一起去打掃校園，透過打掃，來成為每天必須要做的，我們師生共同的事情，我要求他們凡事要盡力而為，如果可以把每天該做的事情做到最好，那他們就是生活當中的贏家。

　　藉由這樣的方式鼓勵他們、幫助他們，養成基本的生活習慣和態度，這樣小小的習慣養成，就可以成為未來生活上學習上的最佳基礎，我不強求老師和學生之間的默契要有多好，但是我注意的是小朋友能不能在意到老師心裡面所想的。

　　很多人都會想說出自己得了哪些獎，事實上，每一個到教學現場的老師，多多少少都有指導學生參加比賽，所以每個人都會得到很多的獎。所以一開始你就說你得了哪些獎，這樣會讓人聽到，你得了那麼多獎，到底是怎麼樣獲獎的？這反而是評審想知道的。

　　所以倒不如先把你的理念講出來，再把你教學現場的投入分享給大家聽，把一件一件事情帶出來，把師生互動的過程講

出來，最後才點出來你們得獎了，得了哪一個獎。不用說得了很多獎，只要講一個你最難忘的獎就好。

我曾經帶領學生得過很多獎，我自己也得了很多獎，但是我覺得講自己得獎，倒不如講學生得獎，因為當學生得獎了，那就是對老師最大的肯定。如果是老師可以陪伴學生獲獎，那期間的歷程更能夠引人入勝。

我曾經得過一個很特別的獎，就是我們指導學生打掃廁所，班級整潔競賽得整潔第一名，然後我們帶小朋友去打掃公廁，公廁得到特優公廁，最後參加整個縣市的評比，我們還得到特優第一名，我也因此得到打掃廁所第一名的指導老師獎。

這個獎項非常特別，因為這樣特別，我可以講如何指導學生，讓大家最不願意做的事情轉變過來，改變學生的想法和態度，讓他們從生活當中學習，遷移到學科的學習上面，為自己負責，行有餘力為他人服務，如果你能夠講到這一環，你的自我介紹及課堂教學，就能引人入勝。

※ 自我介紹小叮嚀

1. 自我介紹的亮點：別人沒有的，我有；別人有的，我特別優秀（差異化）。

2. 自我介紹不是在比誰的資歷多，而是比誰在教育現場投入的時間和關注多。

3. 不斷的進行教學省思，你就會找到可以跟大家分享的亮點。

4. 觀課後應趕快有系統的寫下來，跟他的教學做連結，並思考這位老師的教學和特質。

5. 每週寫一篇文章，長期可以累積很多的材料。

6. 課堂教學和班級經營的方法非常多，可以分享以前和現在使用的方式有何差異？是什麼改變你的想法？若都沒改變，也可以說出為什麼沒有改變的原因。

7. 什麼事情值得省思？例如：小朋友發生特別的事情、教學的故事……

8. 偏鄉只有五個人，還要學習共同體嗎？學習共同體的好處是什麼？只能做學習共同體嗎？可以做合作學習嗎？要說明為什麼要做？怎麼做？做了之後會有什麼樣的效果？

9. 一分鐘的自我介紹要如何舖陳？教育理念、教育現場做過的事，付出的努力得到哪些人的肯定，這些肯定不一定是得獎，有可能是同儕同事的回饋，有可能是行政同仁給你的肯定，有可能因這樣而得獎、有可能是家長的肯定。結尾時不是講自己有多厲害，而是藉由他人的肯定，讓別人了解你這樣的投入，獲得很多人的回響。

10. 身為音樂老師如何規畫四十週年的校慶？校慶不是一個人的事情，是全校要群策群力的事，身為音樂老師，我會在我的本職學能和工作領域當中，配合學校的行政規畫，用我所能的、所學的和所經驗過的，配合學校的團隊來努力，就我最在行的部分給予協助，然後舉例講出自己最在行的事，只要講出在自己的角色當中可以配合的事即可。

11. 校慶不只是運動會，有可能是校慶音樂會，校慶音樂會可以當成各年級的藝文展，可以先規畫好，結合課堂的教學進度，讓學生可以有一個目標，學習課堂內容，然後做成果的展現。用這樣的方式表現他自己，也用這樣的方式分享出對學校的貢獻，以及對學校大

活動的規畫。若學校只有一位音樂老師或是多位音樂老師，做法會不同，多位老師可以集思廣益。別的活動也是如此，例如校園藝術季。

12. 如何說服家長信賴老師的主科教學內容？沒有人是完全的專業，只要不斷精進學習，就可以跟上教育潮流，可以跟家長說明，在課堂教學之前做好備課，就能有效率的教學生學習，而讓家長放心，小學是包班制的教學，並不是數學系畢業的才能教數學，而是能不能了解要教學生的內容、課程綱要及能力指標？我設定的教學目標是不是掌握到了？學生的能力和先備知識我們是不是已了解？

13. 如何提升學生的學習動機？為什麼要提升學生的學習動機？有什麼好處和效益？之後才說出在教學現場，自己如何提升學生的學習動機，做了哪些努力，看到學生的學習有什麼不一樣？別人和學生、家長，給我什麼回應和回饋？

14. 在書中得到的心得，可以和教學現場連結，在別人的故事上發展自己的教學劇本。

15. 書中看到教育家的理論，可以跟教學現場做連結。

16. 《師友月刊》中可以找到教育相關文章。

17. 擬訂自己的教育信念,在自我介紹可以隨時引用。如:

- 教育是成人之美之路,我期許自己成為孩子生命中的貴人,我是王勝忠老師。

- 我是王勝忠老師,我的信念是成為學生的學習陪伴者,教育是成人之美之路,期許自己成為孩子生命中的貴人。

- 每一個孩子都是不一樣的種子,用愛心和耐心來灌溉每一顆種子,我是一位有抱負且有信念的老師,我是王勝忠老師。

- 讓每位孩子為自己的學習感到自豪,為自己的學習能夠負責,這是我的責任也是我的使命,我願意用我一輩子的時間來投入教育,來陪學生學習,我是王勝忠老師。

- 教育需要關懷,學生需要鼓勵,我是位願陪伴孩子一輩子的老師,我是王勝忠老師。

- 教育需要關懷,學生需要鼓勵,我是願用我一生投入教育的老師,我是王勝忠老師。

- 教育需要全心陪伴、耐心等待,我是一位全心陪伴和

耐心等待的老師，我是王勝忠老師。

- 教育是拉一條橫線，讓每一位孩子找到隊伍，老師就是拉著那一條線的人，老師帶著學生一起往前進、一起朝著目標前進，而找到自己的路。

- 教育是把愛傳播給學生，也讓自己和學生共同學習一輩子，我是王勝忠老師。

- 我的教育理念是用心關懷孩子，陪伴孩子一個都不能少，我是一位用心且具有熱情的老師。

- 教育需要熱情，學生需要愛，我願意為教育為孩子付出熱情與教育愛，我是王勝忠老師。

- 教育是播種的愛的過程，我希望用耐心與溫暖灌溉孩子內心，我是王勝忠老師。

- 教育是幫助孩子找到屬於他自己的一片天空，我願意用耐心和愛心這把放大鏡，陪伴孩子尋找，我是王勝忠老師。

・ 關於教甄口試的自我介紹

一、可以參考每個縣市簡章的內容找出大方向

例如：在臺北市，包含自我介紹、個人教育信念、教育理念、學經歷、班級經營基本知能、課堂教學基本知能等。我們在進行自我介紹準備時，就朝這幾個方向來進行思考，並且與自己原本所準備好的自我介紹稿連結，務必要做到切中要點。

二、自我介紹的內容要讓聽者感受到你的特質和特色

例如：有亮點、有經驗、有溫度、對於教學現場熟悉、有教育愛的老師。這個部分，老師可以從平時的教學札記撰寫中，慢慢整理出自己的教育小故事，在故事中自然能夠呈現自己的溫度，展現出自己是有經驗的老師。

三、如何準備

1、先了解自己的教育理念、教育信念是什麼？

2、將自己在教育現場的實務經驗和教育信念融合：

教育信念是中心主旨（總說），在教育現場的實務經驗是說明自己如何把理念實踐、行動（分說）。

透過這種**總一分一總**的講述方式，有系統的行銷自己，讓別人清楚的了解。身為老師的我們的理念以及在教育現場的實際作為。

3、如何找出亮點？反思、觀摩、閱讀、研習。

（1）千篇一律無法吸引人。

- 找出自己的特色→別人無，我有；別人有，我更優秀。（差異化）
- 比對教育的熱情→資歷少，不用怕：在教學現場比投入的時間、比投入的熱情、比投入的關注！

（2）紀錄教學現場的案例，進行省思→不斷進行教學省思，就可以找到自己的亮點！

（3）觀摩他人的教學現場，轉換成自己的教學模式→觀摩其他的老師，省思記錄可以做連結，思考是否和觀摩的老師有相同的特質，好的經驗學起來，並思考如何做會更好。

（4）自己自身的經歷傳承→融合在教學理念中。

（5）收集教學故事→特別的、難忘的。

（6）閱讀書籍的心得。

- 和教學現場連結，在別人的故事中發展你的劇本，在教學現場和學生演一齣教學與學習的好戲。
- 閱讀時，將和學習、教育理念有關的教育家、資料，做筆記分類。

（7）讀書、進修、研習增加教師專業的方法，用這樣的方式來想、來說，呈現對教學的投入和努力。

4、自我介紹的呈現：

簡單的教育信念（名言佳句）＋自己認同的理念＋教育現場的努力、故事。

帶出：

→我是個怎麼樣的老師？我具有什麼特質？我的理念是什麼？（開場）

→在教育現場投入多少？努力多少？做了哪些事情？

→檢視是否和理念相符！

→教育現場投入的、重要的事情（展現熱情、教育愛）。

・口試準備實戰練習

一、口試練習方法

隨機抽題，自己準備好題目現場抽籤應答。

二、了解每個縣市的口試時間，分配答題的時間

以臺中市 10 分鐘為例，過去抽 2 題（現已取消抽題），如果超過 5 分鐘會壓縮另外一題的時間；一題大概 3 分半鐘，留一點時間可以讓有興趣的口委提問。

三、了解口試問題的答題方向

1、題目的面向太大、太廣

- 可集中在一個主軸做說明→抓出一個重點來說明，每個項目都要扣緊重點。
- 提出教學現場的實務經驗。

2、能有敏感度，找出題目中隱藏的問題，再進行回答

例如：如何提升學生的學習動機？

聯想→為什麼要提升學生的學習動機？（題目的隱藏重點）

• 思考方向：

→提升學生的學習動機有哪些好處？哪些效益？

→在學科當中提升學生的學習動機，會不會有什麼變化？

→教學現場如何提升學習動機？

→做了哪些努力？做了這些努力，別人給了哪些回應？

→學生在教學現場給了哪些立即的回饋？

→我發現了什麼？我的家長告訴我哪些事情？

→我看到學生的學習有沒有什麼不一樣？

3、了解題目的教育名詞代表意義

• 了解教育名詞的背景、做法、優缺點等，才有明確的
思考方向。

• 和自己要進行的目標是否相結合？照著使用、加以修
改或提出其他方法。

面對教甄口試，許多人一定都還不知道如何準備，也不知
道該如何是好，最簡單的方式，就是先從自我介紹入手，仔細
分析自己的優勢與弱勢，將自己獨特之處歸納整理，然後整理
出自己的教育理念，這有助於你更清楚在教育現場曾經做過哪

些事情，你關注的是什麼？如果能反覆推敲，則對於口試問題的自我介紹有很大的幫助。

　　另外，無論是自我介紹或是口試的提問，如果可以將自己的教育理念和實務經驗融合，不僅有理論也有實務，讓評審可以更容易認識身為老師的我們。

　　因此，在平時我們就必須進行教學記錄，不斷反思自己的教學，反思課堂裡發生的事情，觀摩他人的做法，請益教育先進及學校師長，藉由他人的例子及說明當作思考方向，找出自己的教學特色及任何領域可行的做法。

　　當然，也可以將他人的優點與經驗轉換成發展自己故事的養分，讓自己的教學更為豐富，更為全面。

　　另外，也需要不斷閱讀，吸收好的觀念與想法，並且透過筆記或分類，強化、修正自己的教育理念，藉此讓自己的教育接觸面向更廣、更多元，反覆思考，歸納成為自己的中心思想，那就是自己的教育信念，然後依照自己的教育信念，在教學現場加以行動、改進及實踐。

· 自我介紹範例

　　教育需要熱情，學生需要愛，我是一位具有熱情且具有專業的老師，我是王勝忠老師。

　　在教育現場，我體認到老師是一種很棒的工作，在擔任老師的過程當中，我享受跟學生互動，及享受教會學生的喜悅，並且在助人當中，獲得許多的成就感。教育是一項志業，教育也是我一輩子想從事的事業，以前我的老師給我很大的影響，現在我成為老師了，我也想要像我的老師一樣去影響我的學生，讓他們可以在學習路上獲得成就，我不但是他們的貴人，我也希望成為他們一路上學習的陪伴者，我是王勝忠老師。

　　我是王勝忠，以身為國小教師為榮。進入師範學院求學開始，即懷抱著熱愛教學的心與教育熱忱，盡力透過教學感動每一位學生，無時無刻都將教育初衷謹記在心。

　　喜歡教學，曾任教育部中央輔導諮詢教師，透過教學分享，散發教學熱力，為全臺灣的教師們服務，秉持「用愛教育學生，用愛傳遞溫暖」的理念，盡自己的最大力量幫助教師透過教學感動學生，讓每一位孩子都喜歡學習。

　　除此之外，增強學生學習動機，為學生創造高峰經驗，是

我一直放在心上的教學原則，協助弱勢學生，開創無限未來，讓每個孩子找到自己可以發揮的舞臺，則是我的教育使命。我將持續以熱情與專業，在教育路上發光發熱，盡己所能，造福更多學生，幫助更多的家庭，服務更多的老師，營造更祥和美好的社會。

　　熱愛教學的勝忠老師，曾任教育部中央輔導諮詢教師，現職為國小教師，在校積極推動清掃學習活動課程以及校園古蹟導覽，並進行創新教學。

　　熱愛教育，喜歡與學生一同進行學習活動，為學生創造難忘的學習經驗，鼓舞學生多元發展、適性展能，找到自己發揮的舞臺。時時提醒自己在學校的任何作為都要符合教育意義，透過多元管道了解學生學習情況與困難，改變教學方式，透過多元評量的方式，真實的掌握學生的學習狀態。

　　有一位學生，至今仍令我難忘，他是弱勢新移民家庭外配子女，我依然記得三年級時的體育課，一個矮矮小小的男生眼神渙散、無精打采、衣著邋遢，各項表現敬陪末座，深受同儕排擠，在班上沒有朋友，垂頭喪氣，毫無學習動機可言。

　　透過足球課程的教學，個別技巧的指導以及團隊合作練習，慢慢的發掘了那位學生優勢智能，肢體運動方面，這個孩

子有著優異的傑出表現，敏捷協調是全班最優異的。當發現了那位學生的長才，我決定要藉此創造這孩子的高峰經驗，重新建立自信心，讓其他的學生給予其掌聲，並打從心裡接納他。

經過一次一次的鼓勵與指導，那孩子肯接受老師的建議並加強練習，慢慢的全班同學看到了這孩子在足球表現上的傑出球技，經過幾次的比賽，那孩子在球場上，無論是助攻妙傳或是射門進球，點點滴滴增強了孩子的信心，也因為團隊合作，他在球場上找到了友誼與同儕的認同。

接著，我在學校籌組足球隊，組訓學生參加比賽，原本完全沒有任何上臺經驗、比賽機會的這個孩子，有了人生當中第一次的比賽機會。在老師的鼓勵與同儕的打氣之下，這孩子比其他人更加倍的努力，也因為球技高超，獲選擔任學校足球隊長，這也是那孩子第一次擔任領導人的經驗，負責帶領同隊球員進行練習與參加比賽。

我們參加了臺中市市長盃比賽，榮獲第一名，獲得參加全國決賽的代表權，孩子的努力得到了回饋，全校師生投以羨慕崇拜的眼光，校長更在全校升旗典禮時公開頒獎，足球隊就由隊長代表獻獎並接受校長的獎座，我第一次從這孩子的臉龐與眼神之中，看到了驕傲與自信。

　　三個月後，我們到臺北市參加全國決賽，來自鄉下弱勢家庭的那個孩子，從沒有機會北上參觀遊玩，藉由這次機會可以到臺北開開眼界，並與全國各地好手較勁。所有的孩子第一次看到這麼大的場面，各個抬頭挺胸走進球場，全力以赴的展現平常累積的實力。

　　在齊心努力之下，打進了冠亞軍決賽，可惜的是，就差那最後一步，最後以全國第二名作收，所有的孩子抱頭痛哭，合作精神嶄露無遺，在我的心目中，他們早已是最棒的冠軍了。

　　那孩子在賽前練習與比賽中的表現，都展現出優異的領導風範以及強烈的企圖心，跟我兩年前所看到的樣貌差異極大，整個人脫胎換骨、神采奕奕，已經不是當年那個沒有信心的孩子了。

　　我想，應該是我給予孩子希望，看到他優異的表現以及可以栽培的未來潛力，給予機會，讓他找到自己的舞臺，靠著努力與恆心，最後達到自己的目標，過程當中，我看到了孩子的成長，我也看到了孩子的潛能。

　　每個孩子都有他可以表現的地方，只要老師肯細心觀察、用心栽培、創造舞臺、給予機會，相信每位老師都可以當孩子生命當中的貴人。

教育金句分享

　　以下我整理了一些我平常在課堂上發想或是老師們分享的教育金句，在此提供大家參考。

* 鑽石和玻璃珠價值天差地遠。若開啟學生潛能與創意，發揮學生亮點，每一個孩子都能成為獨一無二的鑽石。

* 我會牽你的手，但是路要自己走。

* 小事做好、重複做，就能成為專家。重複的事情認真做，就能成為未來的生活贏家。

* 把簡單事情做好，就是不簡單。把平凡事情做好，就是不平凡。

* 勿用大人思考框架孩子的行為。

* 不要幫孩子判斷什麼學習是有用的，什麼學習是沒有用的。例如二十年前，沒有「新娘祕書」這個行業。

* 學習動機是個會不斷延燒的火苗，老師和家長只要在旁負責讓火愈燒愈旺。

* 操作、熟練，才會有經驗。

＊ 具體操作、反覆練習，孩子就會愛上你。

＊ 讚美、肯定：補救教學成功的不二法門。

＊ 自己動手做，玩出一片天。

＊ 多元教材＋實作體驗＝快樂學習

＊ 改進缺點，放大優點。

＊ 成績不能決定孩子的價值。

＊ 讓孩子成為有溫度、同理心、真實的人。

＊ 幽默的機智反應並非能言善道，而是一種快樂、成熟的生活態度。

＊ 熱愛思考，不怕被考。

＊ 人生不只是贏得比賽，而是幫助別人一起完賽。所有的挫敗都是上天最好的安排。（郭婞淳）

＊ 讓學生「對學習有熱情、對未來有想像」。（員林國中曾明騰）

＊ 鼓勵孩子「我覺得你很好，只是潛能還沒發揮到極致，我陪你想辦法變得更好」。

＊ plan 規畫、do 執行、check 審核、act 行動。省思自己優劣勢，有意識的進步。

＊ 不忮不求，何用不臧。

* 在課堂上回答錯誤的孩子，讓他有機會再上臺練習。

* 創造讓孩子有機會學會的機會。

* 態度決定別人幫你的力度。

* 任何在教育現場的作為，一定都要有教育意義。

* 口試的前言：從學生角度。口試的總結：希望的結論，如我已經做最好的準備。

* 教育就是要定睛在最遙遠的那顆星。

* design for change，孩子行動，世界大不同。

  1. Feel 感受（察覺生活中的問題）、2. Imagine 想像（想像出解決方法）、3. Do 實踐、4. Share 分享。

* 忘掉你的恐懼，不然你到死都會後悔，只要一點勇氣，你就能改變一生。

* 嘗試是成功的起點。

* 遇到難題，先「回溯」學過的內容，就能有效強化原本的記憶，同時促進新知的吸收。（比上網 google 更有效的學習方法）

* 若一開始沒有外在控制，內在的控制不會產生，學生是透過被人管理，才學會管理自己。因為顏氏家訓中，提到「教婦初來，教兒嬰孩」，好習慣從小養成，就好像改一件做

壞的衣服，比買布重新做更辛苦。

* 成功的人不一定是最有創意的人，卻是最有自我控制和毅力的人，再好的點子也要做出來才算數。

* 教會重於教完。

* 要毀掉孩子的熱情很容易，要再燃起孩子的熱情很難。

* 學會寬容，讓人有迴旋的空間，也會開始接納自己與世界的不完美，並從中敏銳觀察什麼值得學習。（光華國小簡世明）

* 最能感動孩子的，是老師自己。

* 攤開自己的生命故事，與學生分享重要的生命經驗，是老師打動學生的方式。有時種子萌芽速度，快得驚人。

* 在我的教室裡，孩子的尊嚴被細心照顧。

* 老師的心愈柔軟，愈能柔軟孩子的心。讓孩子知道你對他的真心付出，如果能夠，還要給孩子一個機會來回饋。

* 以「感動」作為品格教育的重要核心，重視「機會教育」。

* 轉化老師本身特質、興趣、專長，成為吸引學生投入上課的平臺。

* 教育的真正目標是智慧加上品格。（馬丁路德）

* 讓每一個我教過的孩子都喜歡上學，看見自己的亮點，自

信、勇敢的邁向未來。

* 你不能對任何事情設限，夢想有多遠，你就能走多遠。

* 享受閱讀，一生幸福。

* 教育開展每一個孩子的生命潛能，培養意志力、豐富情感以及清明的思考，讓他們有信心、有能力面對瞬息萬變的未來。

* **翻轉**：學生才是教育主體。

* 教育是讓人成為真正的人。

* 讚美學生的原則：具體且真摯。

* 學生不會記得老師教了多少的知識，但是他們會牢牢記住你對他們的關愛。（老蘇）

* 好老師對學生期望很高，對自己期望更高。

* 師生溝通原則：聆聽、同理、感受、回饋。

* 教學即評量。

* 對學生動之以情，再曉之以理。因為行為或想法都會收到情感的掌控，且情感的力量能引發最大的改變。

* 《優秀老師大不同》書摘：

　1. 無論做得多好，都希望變得更好。

　2. 歸零（每帶新班）。

3. 教育重點永遠是人，不是方案。

4. 重點放在對學生的期望：設定期許，持續貫徹目標，
　建立關係，讓孩子願意達成期望。

5. 等到自己準備好時，再來處置學生。如學生將水倒掉，
　削弱，讓學生當護水人。

* 揚善於公堂，規過於私室，宜公開讚美、私下處罰。

* 並非這個班糟糕，棘手的只是幾個帶頭的學生。

* 孩子不合理行為，老師反應前先思考，一旦開口，就勢必
　說到做到。

* 和孩子吵，就輸了。

* 沒有最好，只有更好。

* 教育需要等待，老師的陪伴是最好的愛的表現。

* 給孩子的承諾不能打折，說到做到。

* 方向對了，再遠也會到達。（松山高中黃萬隆教練）

* 老師是學生的貴人，一句話、一個眼神、一個善解，都能
　改變孩子的一生。

* 把燈提高點，就能照亮更多的人。不斷自我充實，把視野
　拉高，把心胸放寬，把腳步向前邁進。

* 用耐心、愛心對待每一個孩子。

＊ 始終把每位學生當成自己的孩子，看他們臉上綻放的笑容
　 與自信，就是我心中最珍貴的財富。

＊ 聆聽家長的聲音，創造家長的期待。發現孩子的潛能，創
　 造孩子的未來。

＊ 保持熱情的祕訣是：不斷嘗試新的事物。

＊ 行政人員的責任就是幫老師找資源，全力支持老師，並給
　 孩子更好的學習環境，而且還是家長和教師間的溝通橋梁。

＊ 師生互動，貴在交心。

＊ 創造學生高峰經驗，建立學生的信心。

＊ 共好，讓教育變得更好。

＊ 耐心的陪伴，把每一位孩子帶上來。

＊ 有良好的班級經營，才有順暢的課堂教學。

＊ 教師有愛，學生無礙。

＊ 教育是一場耐力賽，急也急不得。

＊ 我的成功經驗和我的教學目標，就是讓學生愛上我的課。

＊ 教學法有很多種，不是每個區域的孩子需求都一樣。最重
　 要的不是教學法，而是看到學生真正的需求。因人因地因
　 時制宜，因為學生的需要，而改變我的教學。

＊ 用心即是專業。

＊ 老師的心態、想法改變時，學生的學習會跟著改變。

＊ 讓學生自主學習、樂於學習、有效學習。

＊ 沒有最好的方法，只要把學生教會，就是好方法。

＊ 一顆握在手心的種子不會長大，一顆被丟在土裡承受日曬
　 雨淋的種子卻會發芽。

＊ 不看當下，要看長遠，拉長時間軸，看孩子的成就。

＊ 把每一位學生都當成人才來培育。

回饋與分享

【回饋一】
在勝忠老師的口試座談中,我又重新燃起了自信

今年始轉投教甄懷抱,對於這一塊的準備懵懵懂懂,也一直因為自己較缺乏帶班經驗而感到畏縮,擔心自己在準備考試的過程中缺乏經驗值。

然而在勝忠老師的口試座談中,我又重新燃起了自信。從他身上我學到了三點:

一、別人無,我有;別人有,我優!

相信一定也有像我類似的考生,由於代課經驗的關係,使得帶班的經驗較為不足。但是經過勝忠老師的提點,我發現自己近三年的行政經歷反而成為自己的亮點,我應該深耕此處,將行政經驗轉化成大型的班級經營經驗,從而切題回答,突破重圍。

　　另外也可以善用「記得有一次……」來為自己的經驗開頭，談完理念後搭配經驗一起服用，效果更佳！

二、在別人的劇本上寫自己的故事

　　若能通過筆試挑戰，相信口試會是一大難關。教學的故事人人都有，千篇一律的故事只是老調重彈。而勝忠老師提醒我們，也許你並沒有這樣的故事可以說，但是可以透過「我和別人一同合作」的方式，將別人的故事轉為自己的助力，用自己的口吻來回答問題，方能夠具說服力。

三、自信戰勝一切

　　有自信的與評審眼神交流，並且能夠跳脫一般思維給予評審回答，會成為自己口試時的利器。不要害怕自己專業不足，也不要害怕自己經驗不夠，如果教育就是愛與榜樣，相信自己一定能給孩子愛與榜樣！將與評審對談視為和班級家長溝通，說之以理、動之以情，自然能於口試過程中脫穎而出。

【回饋二】
用最正向的語言帶我們看到自己的盲點

知道通過桃園初試後，我在在感受到沉重的壓力與溫暖的關懷。壓力來自於自己，來自於對自己的期許，來自於對未知結果的恐懼；關懷則來自身邊的師長與已經考上的先進。

非常感謝勝忠老師與新竹的老師願意接受並指導我，讓我呈現不夠完美的試教，並給予我再次改進與成長的機會。也謝謝其他夥伴能一同共學共好，感謝勝忠老師在繁忙工作與辛勞當中，仍字字珠璣回饋我們，用最正向的語言帶我們看到自己的盲點，使我們在充滿信心的同時還能謙卑改進。

我會努力走完教甄的最後一里路，讓擔任教師的夢想在與學生共好的世界中具體實現，再次感謝！

【回饋三】
努力帶著這些養分，幫助更多教甄路上的夥伴

　　和勝忠老師相遇時，我只是初踏入教甄圈的老菜鳥，一開始看到夥伴因為能順利邀約勝忠老師而興高采烈的樣子，我心裡有些不解——直到接受勝忠老師一個多小時的口試訓練後，我被勝忠老師正向的語言與多層次的引導震懾住，立馬變成勝忠老師的小粉絲！

　　今年我進了桃園複試後，厚著臉皮想找勝忠老師幫忙，沒想到勝忠老師二話不說便答應了！那天早上先聆聽勝忠老師的演講，對於引起學生動機有很深的感觸。下午在夥伴的包容下上臺試教與口試，得到了勝忠老師的指導後，讓我充滿上榜的信心。

　　今天確定上榜了，當然不能忘記勝忠老師的幫助，謝謝您風塵僕僕的身影，謝謝您永遠正向的言語，謝謝您作育英才的決心！我會努力帶著這些養分，幫助更多教甄路上的夥伴，及我未來遇到的每一位學生！再次感謝！

【回饋四】
有想法是不夠的，必須實際在生活中落實

　　非常感謝勝忠老師所提及應避免的十個重點，提點了我許多需要注重的地方，而且有想法是不夠的，必須實際在生活中落實，以下和大家分享一些心得。

　　一、勉勵自己朝向準備 120 分、表現 100 分而努力，有充分的準備，盡力過後，自然能毫無遺憾的展現，學音樂的過程中更是能體會這樣的道理。

　　在必須上臺、表演的觀眾壓力下，現場的氣氛感受隨著心態而有不同，平時的練習過程決定當天的壓力指數，百分之一百二十的練習絕對會有效和緩當天緊張、焦慮情況。

　　二、有經驗的老師、平時願意付出的老師，在口試時實務經驗是很豐富的，如果一味的打高空，代表教育現場與學生、行政、家長的投入不夠、互動不夠、觀察不夠、反省不夠。這件事很重要的提點我們投入教育的熱誠有多少、初衷在哪裡。

三、善用連接詞也可整理自己所講過的重點，讓評審聚焦核心理念，提升內容的深度：

「可以……也可以……」：

代表老師有多面向的考量（擁有足夠的觀察力，但須用理論、實務來支撐論點）。

「最重要的是……」：

拉開內容層次，使評審聚焦，展現亮點。

「從另一個角度來說……」：

代表教師懂得用不同面向來說明，可能是他人沒注意到的，可能是自己用心所體會到的，站在不同的立場說明，可以讓所回答的內容更具說服力。

利用連接詞回答時，除了增加文長，也可以讓評審看出教師對於核心內容的加深、加廣，但如果一味的套用，反而會讓人抓不住方向，藉由練習須把方法內化成適合自己的回答方式，自然、流利、不間斷的表達。

【回饋五】
切中問題核心，讓自己回答正確的方向

　　謝謝勝忠老師的分享！面對口試這一關，在平常時就需要多練習、關注教育議題，還有對於實務經驗的記錄和反思。

　　練習可以訓練自己思考的組織能力，並藉由口語表達出來，另外也可以將練習的情況錄音或錄影下來，修正自己的表情、口頭禪或手勢。

　　口語表達時要注意深度和廣度，所以需要多方面涉獵不同的議題，另外要增加長度可以適時的利用連接語句，做補充說明或是論點的轉折。答題方法可以用條列式，也可以用脈絡（事前、事中、事後）或是分項（學生、家長、行政、老師），選擇適合的思考模式也可以幫助答題。

　　關注教育議題除了可以顯現出是個關心教育脈動的人，也可以和教育現場結合，並提出自己的見解看法，讓自己有批判思考的能力。藉由閱讀期刊、電子報等吸收新知外，記錄文章中的重點美句，必要時也可以應用在表達上，為自己加分。

　　最重要的是，如果問題能夠和自己的實務經驗結合，是最有力的說服，除了有理論支持也有實務的實際做法，能突顯自

己教育專業能力。

　　還有最重要的一點是，要讓口委覺得自己是個正向思考的老師，雖然教育現場不能盡如人意，但是老師還是需要積極面對挑戰、改變方法或是利用資源來幫助學生成長學習。

　　勝忠老師提出的 10 個重點，我都需要繼續加強；對於口試委員的題目，我現在還需要努力學習如何審題──切中問題核心，讓自己回答正確的方向，練習時我會記得朝這 10 個重點式檢核目標努力。

【回饋六】
讓我重新思考口試的答題脈絡

謝謝勝忠老師歸納口試要注意的「十個不要」，勝忠老師的分享，點出了我的好多盲點。

除了加強平常的練習與反思，更加注意談話的細節，也讓我重新思考口試的答題脈絡：

一、平常練習：

1. 反覆的練習與錄音

用錄音的方式發現自己的口頭禪，多講多練習來統整自己的思緒。

2. 多反思

言語的流暢以及深度寓於平常的反思，平常多讀期刊論文、多寫、多反思，整理心得之後再講，講出來就會越來越流利，也有更多的自信，這是我現在還要再努力的！

二、教甄口試面對評審時：

1. 善用月暈效應

在跟評審講話時不要緊張，緊張就會板著臉孔而不自知，要記得隨時保持微笑，讓評審知道你是「鐵肩擔重任，微笑對學生」非常有熱忱又愛學生的教師。

2. 講自己的實務經驗

替自己行銷，讓評審知道你是一個有經驗，來學校馬上就可以做事的老師。

3. 答題的架構

有了架構會讓答題更有邏輯性，運用簡單三段式的架構，例如前中後、現在過去未來、首先再來最後，讓回答具有多面向，運用三段式的論點、論述以及論據，讓回答既有理論也有實務；運用ＷＷＨ三向度的回答方式，讓回答既有橫向的面，也有縱向的層次。

有了答題的骨架，就會讓自己的言論更有可信度、更有邏輯，更增加回答的自信，讓自己不會那麼緊張。

4. 連接詞的應用

內容的深度在於架構，而內容的長度在於廣度，常常因為回答太緊張，或是題目問的東西沒有聽過就會緊張，有時會講不出來或是講一講突然停下來。但如果加入一些連接詞，就會刺激自己的思路，讓整句話聽起來更完整。

「雖然……但是……」、「只要……就能……」、「可以……也可以……」、「另外……」、「最重要的是……」、「從另一個角度來說……」、「其中又以……」有了這些連接詞，會讓我更有安全感，讓思緒更統整，尤其是可以加在如何題結束段的反思，讓思考更有廣度，也讓評審更了解自己的想法。

【回饋七】
口試的祕笈無他，只要在平常多練習

　　口試的祕笈無他，只要在平常多練習，找出自己說話的盲點，多看文章多反思，累積自己的實例，在口試時不要忘記笑容以及講話的音量，運用三維模式架構增加內容的邏輯性，運用連接詞增加內容的廣度，講出來的論點就能夠流暢、有理又有據，讓評審信服。

　　感謝勝忠老師在百忙之中，願意與後輩們無私的分享交流，在與勝忠老師的談話過程之中，也深切地感受到身為教育工作者，對於自身職業的無比熱忱與執著，以及樂於與人分享與奉獻的精神。雖然只有一杯咖啡的短暫時光，卻留下值得令人細細品味的心靈漣漪與感動……

　　勝忠老師在分享教甄口試演練的過程中，雖然是帶著考生實際演練與回饋，但我到結束分享後，才體會到勝忠老師其實一直在幫考生們進行心理建設。

　　教甄在考場上雖然很殘酷，但是更重要的是要讓考生展現自己平時學習、省思與突破困難、解決問題的能力，讓所有的評委們感受到考生對於教育的熱忱與希望，為努力的考生們鼓

勵與喝采！

　　身處新世代的老師，如果沒有經常與夥伴們互相交流激盪，很容易讓自己思想僵化，陷入自我的窠臼之中，讓自己持續學習精進與更新自己對於教育的想法並且創新實踐，更是身為新世代老師必備的工夫！

　　最後非常感謝勝忠老師，讓我不再執著於多年準備教甄的挫敗，而是要帶著開放的心胸與態度，去專注於自我的學習與改變，期待未來脫胎換骨的自己！

【回饋八】
不要妄自菲薄，我們每個人也都可以是種樹的人

　　「請來找我！」這是勝忠老師留給我的第一句話。對當時甫進複試、渺無信心的我而言，這句話無異於一枚羅盤。

　　對陌生人慷慨的適時提供協助，這是勝忠老師教給我的第一件事。

　　初次會面前，我先將自己教學的內容設計在 A4 紙上，上半部是板書，下半部是教學流程與引導，以便會面討論時能更具體的溝通。

　　那一天勝忠老師陪著我，花了一個半小時，幫我把「綜合活動」從「句點」變成「具體」，再變成「聚焦的亮點」！

　　面對試教，勝忠老師曾問：「教學手冊人人都有，如何解構它成為匠心獨具的設計？」我發現，每一個在專業上不斷攀越自己的老師，都不會滿足於現況。勝忠老師說：「我下過很多工夫，無時無刻都在練習。」

備課投入，教學深入，這是勝忠老師教給我的第二件事。

初次找勝忠老師討論當天，已有老師在進行試教了，勝忠老師知道我的起步稍晚，在離開前揮揮手對我說：「要積極喔！」翌日知道我在練習，立即傳 line 鼓勵我是個行動派。

此後我陸續到校向勝忠老師請教，勝忠老師除了給予教學上的提點，更重要的是信心的重建：「這次聲音整個變亮了！」、「我已經可以想見你在臺上的風采了！」、「我跟你說的祕密你都有做到喔！」，連在向辦公室同仁介紹時，用的也是這樣的句型：「這位是曉雯老師，她會上喔！」

正向管教，永遠正向溫暖的語言，對教育的信任，這是勝忠老師親身示範所教給我的第三件事。

勝忠老師的創意思維、豐沛的教育能量，使我早早就決定考試前一定要前往拜訪，蓄滿電力再出發。何其幸運，當天勝忠老師值班，使我能以一對一的高規格，接受勝忠老師的專業口試調教。

一直以來，我對口試充滿困惑，緊張、羞怯、毫無章法、

缺乏編排，內容丟三落四、掛一漏萬，臉上缺乏笑容，面對「大人」就緊張……口試一直是我的罩門！

在找勝忠老師之前，我只知道口試要多練習，以為多講就會順了，但是無論是對著鏡子練或說給自己聽，我就是一句接一句的卡住！家人建議我「以不變應萬變」，把自我介紹背得滾瓜爛熟，引領評審問我的專長與優勢能力，無論遇到什麼問題，都要把這些話全力丟出去。

這個方法的確解決了我的燃眉之急，但若是遇到教育時事或沒有經歷過的行政題，我頓時又張口結舌，成了有口說不出的啞巴！

當我把這樣的困擾告訴勝忠老師，勝忠老師立即讓我看見什麼叫做「兵來將擋，水來土淹」的口說之術！對於我親身經歷過的人生故事，勝忠老師可以立刻轉化、組織成更動人的篇章，對於我不擅長的題目，勝忠老師可以旁徵博引，要五毛給一塊的講得有骨有肉！

當晚的兩個小時，我沒有錄音，也沒有時間記逐字稿，卻彷彿得著無字天書，打開了口試深奧的大門！原來，口試的準備是有方法可循的！

回歸到最根本，**教育現場所有的作為，都要有其教育意**

義！為何要站導護？為何要推動閱讀和品格教育？為何要精進教學、翻轉教學？如何改正學生的不良行為？如何推動學校的社團活動……諸多問題，其實都在為教育的主人——學生，尋找更多元寬廣的學習，提供更安全完善的環境，厚植成長的養分。了解到這一點，口試的破題，就能切中要點不偏離。

接著，從實務面去思考，要達成題目中的目標或解決問題，通常不是靠老師一己之力所能完成的，我們需要行政的協助，需要與家長溝通配合，需要在課程中融入、統整或設計，需要運用輔導技巧。

從題目中分出幾個解題的面向：行政、親師溝通、課程教學、教師專業，各點之間環環相扣，每個部分都碰觸提及，才能不偏不倚。

當每個面向都作了宏觀的檢視，這時再說出自己的實務經驗：「在我的課堂中……」、「過去，我曾經這麼做……」，從磨練中披沙揀金，最主要是要從中「得到」或「學到」了什麼？得到家長的讚賞與肯定、得到學生在某方面學習成長的跳躍與突破、得到學生感動的回饋。

或從錯誤中省思，了解到如何配合學生的認知階段調整教學、了解如何引發學生的學習動機，使自己在專業上成長，現

在成為一個更能貼近學生的老師等等。未必只有得獎的經歷才耀眼，克服危機成為能力，這段努力的過程一樣美麗。

最後，運用充滿希望性的句型：「只要……就能……」、「雖然……但是為了……」、「因為……所以我願意……」扣回主題，再讓口試的結尾充滿感性的氛圍，讓評審看見你的專業與熱情。

或許有些人會誤解口試只是紙上談兵、舌燦蓮花，或者天生的口才便給，但是我更願意相信：所有的能力來自細膩的觀察與練習！

口試有技術，更有藝術性，如何言之有物？如何真誠不矯情？用心備課與省思，積極投入教學活動，了解行政工作的內容，認真參與研習，以開放的心去面對各種新興的教學方式與教育議題，都能幫助自己更快速的累積經驗值。

在述說時，除了制式的第一點、第二點、第三點……這種分點論述法，試著說一個更有溫度的故事。教育既是以生命影響生命的歷程，便有許多感動的成分，平日就記下讓自己感動的「教育金句」，記下教學生涯中與學生的互動的點滴，讓心變得柔軟，讓同理心內化成人格的一部分，讓說出口的話感動自己，別人為之動容。

以學生為中心、以全面性作思考、以經驗顯示專業、以省思體現深刻的成長、以感性流露熱忱，組織起來說一個好故事，因為故事才好聽、故事才動人。這是勝忠老師教我的第四件事。

桃園放榜後雖上榜，但成績未如預期，考量照顧家庭，家人希望我再試試拚上臺中，但是我不知道自己的能力在哪裡？不知道還有沒有足夠的時間準備？不知道自己哪裡不夠好？該怎麼改進？即使上榜仍面臨嚴重的自我懷疑。

勝忠老師告訴我：「幸好你有考上桃園，不然我會懷疑自己耶！我會繼續陪伴著你考上臺中的！」他不只陪我考上了臺中，還陪我選校，更擴大籌辦了「教甄取暖實體分享會」，邀集上榜的老師分享準備方法、書籍與心路歷程，鼓勵更多還在夢想路上匍匐前進、屢趴屢起的老師們。

設身處地的同理、溫暖的陪伴，無論是誰都希望獲得這樣的對待，這也是老師能給予的支持，這是勝忠老師教會我的第五件事。

　　當知名度越來越高，責任越來越重，網路是可以載舟也能
覆舟的水流，身為網路上的紅人，我看見勝忠老師非常珍惜自
己的羽翼。

　　他分享與教育有關的資訊，傳達教育現場的能量與感動，
交流教學的方法與心得，細膩體會教甄考試的辛苦，熱情鼓舞
老師的努力，但他絕不涉足立場迥異的政治、宗教等敏感議
題，不參與討論眾多社團成員中的私人生活。他在網路上，小
心翼翼的維護著公與私之間的一道界限。

　　**謹守界限，避免失焦。親師之間何嘗不需如此？這是勝忠
老師不說自明的第六件事。**

　　學務處的工作已經很繁忙，勝忠老師尚有家庭與學業要兼
顧，卻為了教師與準教師們汲汲奔走，無論是教甄或者大學生
營隊抑或 TFT 等民間團體，或者是學校之間的參訪交流，勝
忠老師幾乎都敞開雙手熱情的接待。無酬無功、耗時耗力卻樂
此不疲所為何來？

　　我猜想，在勝忠老師的心中，一定有一個夢、一個關於教
育的夢：無法幫助每個孩子，那就影響更多老師吧！讓老師感

受過熱情、體驗過火花，這些點點滴滴的流淌，會在各方教室裡匯流成一片溫暖的流域，滋養出更豐美的小苗。

我們與年輕的生命並肩而行，沿途一起創造了許多美好的瞬間，撿拾感動的精心時刻，每一次交流都在傳遞教育的溫度。教師不只參與，更影響了許多人的人生，勝忠老師用盡一切心力追尋的，或許是這個吧？點燃火種，接棒，為 20 年後預約一片翁翁鬱鬱的森林。

不要妄自菲薄，我們每個人也都可以是種樹的人，這是勝忠老師教給我的，最重要的事。

【回饋九】
勝忠老師無怨無悔的付出，我受到很大的感動

　　昨天幫忙實習夥伴看試教後，我想分享自己從勝忠老師身上學到的事，這個故事就要從我參加的一場研習說起。

　　這是我第一次聽到勝忠老師的名字，也是第一次見到他。還記得當天勝忠老師演講完，我覺得熱血沸騰，回家後除了在臉書寫下心得及感動，也積極加入勝忠老師的臉書社群，期望能夠學到更多，並在教甄過關斬將。

　　加入社團之初，我與勝忠老師還沒有什麼接觸，只是會瀏覽勝忠老師分享的考試準備方法及口試回答技巧。

　　直到我考完松山高中複試後，勝忠老師竟然「主動」問我考試結果如何，還問我要不要一起特訓，當下的我又驚又喜，也讓我覺得很不好意思。於是，我就在勝忠老師的熱情邀約下，參與了一次口試團體練習。那次的經驗讓我收穫豐富，更加了解口試的回答方式及技巧。勝忠老師對我的鼓勵，也讓我大大的提升自信，讓我知道自己是很棒的。

　　從第二次與勝忠老師見面後，我在口試方面大大的提升信心，也開始練習勝忠老師在社團出的「口試作業」。透過勝忠

老師的引導及一次又一次的練習，我越來越能掌握口試的回答技巧，也更加釐清自己的信念及想法。

後來確定進入新北高中職複試後，我主動請勝忠老師幫忙看試教。那天我的表現不是很理想，但勝忠老師還是給我很多很棒的建議，並且在我離開前，送我一張他的教甄演講光碟。

忙到沒吃晚餐，還用心給予回饋，更將自己的演講精華送給我，看到勝忠老師無怨無悔的付出，我受到很大的感動。

勝忠老師更一直鼓勵、激勵我，讓我知道自己是受過專業訓練的，要對自己有信心，要相信自己會上榜。

回頭來看，我能夠順利考上老師，勝忠老師功不可沒！

從勝忠老師身上，我看到了犧牲奉獻、不求回報、專業、用心、正向，以及那顆願意助人的心。我不僅學到教學專業，對我而言，更重要的是，勝忠老師樂於助人及熱心的精神感動了我。

雖然我的經驗不是很豐富，但從考上的那刻開始，我時時提醒自己，一定要成為一位像勝忠老師一樣，樂意助人、努力付出的好老師！

【回饋十】
教育無它，唯愛與榜樣而已

　　還記得在準備教甄的過程中，不時需要上網查資料，偶然間看到勝忠老師給考生們的建議，如獲珍寶的我立刻搜尋資料來源，因而加入勝忠老師所成立的臉書社群。

　　在考前，勝忠老師不斷提供考生們考試的思考面向，也給嘗試應答的我們立即的回饋，得以馬上增加回答廣度與深度，讓即使素未謀面的我們，也能透過網路頻頻交流。

　　一次與學妹的談話中，得知勝忠老師願意當面指點迷津，欣喜若狂之餘更多的是不敢置信，勝忠老師真的宛如影片中的和藹可親嗎？

　　勝忠老師犧牲自己的午餐時間完成「教甄咖啡館」，不僅回答了我們對於試教活動的安排，同時讓一向害怕口試的我，也能按照勝忠老師給的架構後壯膽回答，收穫如此豐富真是始料未及。

　　席間，勝忠老師一直微笑給予鼓勵，親自示範如何落落大方回答，也讓不停摸索口試應答方式的我，心中有了依據的模樣──就是勝忠老師！

　　咖啡館結束後，勝忠老師還提醒我們要記下心得，也常常透過學妹關心我們的讀書進度，備感溫馨。我認為勝忠老師透過身教，充分表達出他對教育的熱愛，並期待我們也能繼續這把熱情，不僅僅只是為了準備教甄，更重要是莫忘初衷。

　　教育是充滿愛與希望的偉大工程，唯有辛勤灌溉才能茁壯每株幼苗，猶如教育名家福祿貝爾名言：「教育無它，唯愛與榜樣而已。」亦如熱情教師勝忠老師一般！我願我的教職生涯也都向勝忠老師看齊，教學之餘更不忘提攜後進，共同為了下一代的教育而努力。

教師應考特訓班
教甄口試一次考上必勝全攻略

作　　　者／王勝忠
美 術 編 輯／孤獨船長工作室
責 任 編 輯／許典春・李柏諺
企畫選書人／賈俊國

總　編　輯／賈俊國
副 總 編 輯／蘇士尹
編　　　輯／高懿萩
行 銷 企 畫／張莉滎・廖可筠・蕭羽猜
發　行　人／何飛鵬
出　　　版／布克文化出版事業部
　　　　　　臺北市中山區民生東路二段 141 號 8 樓
　　　　　　電話：（02）2500-7008 傳真：（02）2502-7676
　　　　　　Email：sbooker.service@cite.com.tw
發　　　行／英屬蓋曼群島商家庭傳媒股份有限公司城邦分公司
　　　　　　臺北市中山區民生東路二段 141 號 2 樓
　　　　　　書虫客服務專線：（02）2500-7718；2500-7719
　　　　　　24 小時傳真專線：（02）2500-1990；2500-1991
　　　　　　劃撥帳號：19863813；戶名：書虫股份有限公司
　　　　　　讀者服務信箱：service@readingclub.com.tw
香港發行所／城邦（香港）出版集團有限公司
　　　　　　香港灣仔駱克道 193 號東超商業中心 1 樓
　　　　　　電話：+852-2508-6231 傳真：+852-2578-9337
　　　　　　Email：hkcite@biznetvigator.com
馬新發行所／城邦（馬新）出版集團 Cité（M）Sdn. Bhd.
　　　　　　41, Jalan Radin Anum, Bandar Baru Sri Petaling,
　　　　　　57000 Kuala Lumpur, Malaysia
　　　　　　電話：+603-9057-8822 傳真：+603-9057-6622
　　　　　　Email：cite@cite.com.my
印　　　刷／卡樂彩色製版印刷有限公司
初　　　版／2018 年（民 107）3 月
初版 5 刷／2022 年（民 111）6 月
售　　　價／300 元
Ｉ Ｓ Ｂ Ｎ／978-957-9699-07-5

城邦讀書花園　布克文化
www.cite.com.tw　WWW.SBOOKER.COM.TW